A DOGMÁTICA JURÍDICA

Dados Internacionais de Catalogação na Publicação (CIP)
(Câmara Brasileira do Livro, SP, Brasil)

Jhering, Rudolf von (1818-1892)
    A dogmática jurídica / Rudolf von Jhering; [tradução:
José Ignacio Coelho Mendes Neto]. – 1ª ed. – São Paulo:
Ícone, 2013. – (Coleção fundamentos do direito).

    Título original: *La dogmática jurídica.*
    ISBN 978-85-274-1233-9

    1. Direito – Filosofia. 2. Direito – História. 3. Direito –
Teoria. I. Título. II. Série

13-03176   CDD-340.11

Índices para catálogo sistemático:

1. Direito: Teoria   340.11

Rudolf von Jhering

A Dogmática Jurídica

Coleção Fundamentos do Direito

1ª edição
Brasil – 2013

© Copyright da tradução – 2013.
Ícone Editora Ltda.

Coleção Fundamentos do Direito

Conselho editorial
Cláudio Gastão Junqueira de Castro
Diamantino Fernandes Trindade
Dorival Bonora Jr.
José Luiz Del Roio
Marcio Pugliesi
Marcos Del Roio
Neusa Dal Ri
Tereza Isenburg
Ursulino dos Santos Isidoro
Vinícius Cavalari

Título original
La dogmática jurídica

Tradução e revisão técnica
José Ignacio Coelho Mendes Neto

Revisão
Saulo C. Rêgo Barros
Juliana Biggi

Design gráfico, capa e miolo
Richard Veiga

Proibida a reprodução total ou parcial desta obra, de qualquer forma ou meio eletrônico, mecânico, inclusive por meio de processos xerográficos, sem permissão expressa do editor. (Lei nº 9.610/98)

Todos os direitos de tradução reservados para:
ÍCONE EDITORA LTDA.
Rua Anhanguera, 56 – Barra Funda
CEP: 01135-000 – São Paulo/SP
Fone/Fax.: (11) 3392-7771
www.iconeeditora.com.br
iconevendas@iconeeditora.com.br

Coleção Fundamentos do Direito

Rudolf von Jhering
A Dogmática Jurídica

Tradução de *La dogmática jurídica*,
de Rudolf von Jhering (1818-1892).

Tradução do espanhol por José Ignacio Coelho Mendes Neto a partir da 2ª edição castelhana da Editorial Losada (Buenos Aires, 1946) da tradução de Enrique Príncipe y Satorres, feita a partir da 1ª edição alemã (*Geist des römischen Rechts auf den verschiedenen Stufen seiner Entwicklung*, 1883).

{ Nota explicativa }

O presente texto é composto de excertos do tratado maior de Jhering, do qual se retiraram as numerosas menções ao direito romano que constituem a maior parte da obra. O texto assim enxugado corresponde à teoria geral do direito de Jhering. Foram mantidas nesta tradução as numerações de títulos, capítulos, seções e parágrafos a fim de permitir citações corretas e o cotejo com o original.

{ Sumário }

Título II
MÉTODO DA EXPOSIÇÃO HISTÓRICA DO DIREITO, 11

Capítulo Primeiro
Condições Contidas na Natureza do Direito, 13

Anatomia do organismo do direito. – Elementos que o compõem. – Regras, noções, instituições jurídicas. – Organização psíquica do direito. – Diferença entre o direito objetivo e seu conhecimento subjetivo. – (Elementos latentes do direito.) – Missão da ciência, **13**

Fisiologia do organismo jurídico. – Suas funções na vida. – Realizabilidade formal do direito. – Missão do historiador na presença do direito do passado, **35**

Capítulo Segundo
Condições Contidas na Noção de História, 45

Distinção dos fatos não essenciais. – Conexões internas dos fatos e do tempo. – Cronologia interna ou determinação absoluta e relativa do tempo segundo os critérios internos, **45**

I. Homogeneidade do movimento histórico, **51**

II. Simultaneidade do movimento histórico, **67**

Título III
TÉCNICA DO DIREITO ANTIGO, 67

Capítulo Primeiro
Noção da Técnica em Geral, 69

Seção Primeira. Apreciações contrárias que desta ideia formam o jurista e as pessoas em geral, **69**

Exatidão e necessidade dessa diferente apreciação. – Apologia da jurisprudência. – Suposto caráter natural desta ideia para o vulgo. – A razão natural humana sem a experiência. – Influência e valor desta última. – A jurisprudência é um precipitado da razão natural humana em matéria de direito, **69**

Seção Segunda. Teoria da Técnica Jurídica, **82**

A. Objeto da técnica e meios de alcançá-lo em geral, **82**

Realização do direito. – Problema e meios de resolvê-lo, especialmente a técnica. – Os dois interesses técnicos. – Praticabilidade do direito, **82**

B. As três operações fundamentais da técnica jurídica, **92**

1. Análise jurídica (alfabeto do direito).
Os elementos simples do direito. – Abstração e especificação. – Surgimento histórico do abstrato no concreto (pontos de invasão; extensão por analogia). – Letras do direito. – Comparação do alfabeto do direito com o da linguagem, **92**

2. Concentração lógica.
Possibilidade de concentrar a matéria. – O centro lógico e a periferia. – Amplitude do princípio na forma histórica de uma exceção, **109**

3. Construção jurídica.
História natural do direito. – Corpos jurídicos. – Descrição geral. – Produção deles para a construção jurídica. – As três leis desta última (positiva, lógica e estética). – Valor técnico do método da história natural, **114**

{ Título II }

Método da Exposição Histórica do Direito

Capítulo Primeiro

Condições Contidas na Natureza do Direito

Anatomia do organismo do direito. – Elementos que o compõem. – Regras, noções, instituições jurídicas. – Organização psíquica do direito. – Diferença entre o direito objetivo e seu conhecimento subjetivo. – (Elementos latentes do direito.) – Missão da ciência.

3. O direito, segundo a ideia que se tem dele atualmente, é um organismo objetivo da liberdade humana. Já não se diz, como se acreditou em outros tempos, que ele é um conjunto de disposições arbitrárias que deve sua origem ao pensamento do legislador, mas sim que é, ao contrário, como o idioma de um povo, produto interno e ordenado da história. A intenção e o cálculo humano contribuem, sem dúvida, para formá-lo, mas uma e outro *encontram* em quantidade maior do que *criam*, porque não depende deles o nascimento e a formação das relações sobre as quais se funda a vida da espécie humana. O direito e suas instituições surgem por estímulo dessa vida, que é quem conserva sua incessante atividade exterior. Disso decorre que a forma que o caráter do povo e toda a sua maneira de ser imprimem ao direito antecede todo pensamento e toda vontade legisladora, de modo que esta não pode tocar aquela sem ser anulada na sua tentativa. Da mesma forma, quando contemplamos a história da formação do direito, vemo-la desenvolvendo-se constantemente sob a perpétua influência do caráter, do grau de civilização, das relações materiais e das vicissitudes do povo. Diante das possantes forças históricas que a regem, a cooperação da razão humana, querendo criar em vez de permanecer como instrumento, reduz-se a nada.

O direito, como criação real objetiva, tal como se manifesta a nós na forma e no movimento da vida e das relações exteriores, pode ser considerado um organismo, e devemos colocá-lo nesse grau para fazer dele um estudo completo. Valendo-nos dessa imagem, reconhecemos ao direito todos os atributos de um produto natural: unidade na multiplicidade, individualidade, crescimento, etc. Essa comparação, as expressões "orgânico", "desenvolvimento natural", etc., hoje estão muito na moda; mas com frequência não passam de uma pomposa fachada, uma profissão de fé inútil, que se põe no começo de uma obra e depois não é mais lembrada.

Todo organismo pode ser considerado de um ponto de vista duplo: anatômico e fisiológico. O primeiro tem por objeto elementos desse organismo e sua ação recíproca, ou seja, sua estrutura; o segundo, suas funções. Vamos considerar o direito por esse duplo aspecto[1] e ocuparmo-nos agora da sua estrutura.

---

[1] Depois de publicada a primeira edição desta obra, encontrei uma passagem de Bentham que considera o direito de maneira análoga. Essa passagem encontra-se no *Traité de législation* de Jeremy Bentham, edição de Dumont, Paris, 1802, p. 23. Ele diz: "Não foi nos livros de direito que encontrei os meios de invenção e os modelos de método. Eles encontram-se, na verdade,

O organismo do direito, como qualquer outro, compõe-se de diversas partes. Quanto mais nobres e delicadas elas se apresentam na sua organização, menos se manifestam exteriormente e mais tarda o homem em ter consciência delas. O mesmo ocorre com o direito de todos os povos: o conhecimento de sua organização, penetrando cada vez mais na natureza íntima das coisas, foi difícil e penoso de adquirir. Exprimir o resultado das ideias adquiridas, ou *formular o direito*, é fruto dessa atividade aplicada ao conhecimento jurídico, atividade que é, em parte, obra do povo que traduz na forma de adágios as leis que encontrou na prática, em parte também obra do legislador, que expressa e sanciona o direito que já existe na forma de sentimento ou direito consuetudinário, e finalmente da doutrina e da prática, que estudam e dão a conhecer as disposições e consequências do direito vigente. Combinada essa tripla ação, obtém-se o conhecimento do direito, e fica ela regida pela regra indicada anteriormente, segundo a qual se adquire pouco a pouco a indagação da natureza íntima das coisas, que de início só se percebe superficialmente. Vamos demonstrá-lo e, seguindo o espírito humano na sua tarefa, daremos a conhecer a escala da organização do direito.

O que o espírito humano percebe em primeiro lugar são as partes mais salientes, externas e práticas, aquelas cuja ação deve impressioná-lo mais diretamente: *as regras do direito*. O espírito vê algo que acontece e que se repete constantemente, sente que isso que se repete deve acontecer, traduz essa necessidade em palavras e assim nascem essas regras. Mas como são distantes da realidade da qual foram tiradas! Como é grosseira e incompleta a imagem que nos dão! Assemelham-se aos primeiros ensaios

---

nas obras de metafísica, de física, de história natural, de medicina. Fiquei surpreso lendo em alguns dos tratados modernos dessa ciência as classificações das moléstias e dos remédios. Não se poderia aceitar a mesma ordem na legislação? O corpo político não poderia ter sua *anatomia*, sua *fisiologia* e sua *matéria médica*? O que encontrei em Triboniano, Cocceji, Blackstone, Vattel, Pothier, Domat, é bem pouco: Hume, Helvétius, Lineu, Bergmann, Cullen foram-me muito mais úteis".

plásticos de um povo; e da mesma maneira que não se poderia deduzir deles que os homens e animais daquela época se parecessem com representações tão imperfeitas, do mesmo modo não se deve admitir que o conjunto das regras jurídicas do período da infância de um país oferece uma imagem fiel do seu direito. Esses ensaios não são mais que contornos grosseiros destinados a serem supridos e completados pelo aspecto geral da vida. Entre eles e o direito tal como de fato se aplica existe, do ponto de vista da qualidade e também da quantidade, a maior dissemelhança.

Não será um tanto arriscada essa afirmação? Como podemos saber, de fato, que o direito teve outra extensão e outra maneira de ser além da que denotam as regras que foram conservadas? A resposta é simples. Para reproduzir exatamente um objeto é necessário uma dupla qualidade: representá-lo e traduzi-lo fielmente, ou, em outros termos, *o dom da observação e o talento da representação*. É preciso, pois, no que concerne ao direito, que aquele que o expõe saiba encontrar sua verdadeira quintessência sob a embalagem multifacetada das relações concretas da vida, da qual se deve extrair a regra. Na natureza exterior que nos rodeia, passamos todos os dias sem perceber ao lado de fenômenos importantes, sendo o acaso, com frequência, que atrai sobre eles a atenção do observador e leva-o a descobertas interessantes. O mesmo ocorre no mundo moral, embora em grau superior, porque nesse campo nada se percebe senão com os olhos da inteligência.

Amiúde encontramo-nos diante de uma organização determinada; estamos tão acostumados a vê-la repetir-se uniformemente que nunca nos perguntamos até que ponto sua ordem é puramente *artificial e acidental* ou *jurídica e necessária*. Se por acaso alguém perturbar essa ordem, nossa atenção desperta e tratamos de investigar como e por que ela foi estabelecida. Formular a pergunta é quase resolvê-la, tanto é que o conhecimento do mundo moral deve, de certo modo, ao imprevisto as suas mais ricas verdades. Num grande número de casos, a solução foi menos laboriosa que a formulação. A ciência, que não queria interrogar antes de ter uma resposta bem clara a emitir, viu que o acaso estabelecia com simplicidade as perguntas que ela tentava em vão resolver.

Dissemos que o conhecimento do direito se adquire penosamente e com lentidão. Muitas coisas escapam à visão da ciência, mesmo que ela tenha chegado ao período de maturidade. Assim, por maior que tenha sido a habilidade dos jurisconsultos clássicos de Roma, existiam na sua época regras de direito que permaneceram ocultas a eles e que foram dadas a conhecer pela primeira vez graças aos estudos da jurisprudência atual: essas eu chamo de regras latentes do direito. Mas não é possível que não as possuíssem, dir-nos-ão, objetando que, para aplicar essas regras, eles tinham que conhecê-las. Contudo, para responder, podemos considerar o que ocorre com as leis da linguagem. Milhares de pessoas aplicam todos os dias essas leis das quais jamais ouviram falar e das quais mesmo o sábio nem sempre tem plena consciência, mas aquilo que falta ao entendimento é suprido pelo instinto gramatical[2].

---

2   Não posso deixar de mencionar aqui a observação feita por um linguista, cujos trabalhos terei que utilizar com frequência no curso desta obra – Pott, *Etymologische Forschungen* (*Investigações etimológicas sobre as línguas indo--germânicas* etc.), tomo I, 1833, p. 146: "Esta miopia, que permite ver, ainda que invertidos, os objetos distantes e não os mais próximos, manifesta-se no homem, sobretudo na ordem intelectual, quando se trata do conhecimento da língua materna. Para o estrangeiro está presente, à primeira vista, uma quantidade de singularidades que, precisamente por causa do costume, aquele que a fala desde a infância não nota nunca ou nota muito dificilmente. A atenção do primeiro é estimulada somente pela exterioridade, enquanto no segundo é a força de vontade que produz o desejo de observar. Disso decorre o fenômeno tão conhecido segundo o qual, via de regra, só se aprende a conhecer a fundo a língua materna depois de ter aprendido outras e é quase mais difícil fazer uma gramática da própria língua que de um idioma estrangeiro. O melhor linguista seria talvez o pior gramático, e vice-versa. Resulta daí que devemos combater a mania daqueles que consideram absolutamente sagrada a autoridade de um gramático nacional. Mas existem ignorantes dessa espécie e,

Portanto, o descobrimento das regras de direito existentes tem por base o dom de observar, faculdade mais ou menos desenvolvida segundo a diversidade dos tempos e dos indivíduos, e que depende do grau de cultura intelectual do observador. Por conseguinte, não somos injustos quando dizemos aos povos incultos e grosseiros: "não entendestes mais que uma parte muito pequena do mundo jurídico que vos rodeia, a outra escapa à vossa inteligência e reside apenas no vosso sentimento; viveis sob as relações jurídicas sem conhecer sua índole; operais segundo leis que nenhum de vós exprimiu; as regras de direito que conheceis não passam de rajadas soltas, clarões de luz distante que o mundo do direito real projeta sobre vosso entendimento".

Também apontamos, como segunda qualidade necessária para estabelecer as regras do direito, a *faculdade de formulá-las* ou a capacidade de dar às regras descobertas a expressão que convém. Essa qualidade supõe o conhecimento exato delas, mas isso apenas não basta. Muitas noções aparecem claras e distintas à nossa inteligência e, mesmo assim, só conseguimos traduzi-las com palavras de modo incompleto. Qualquer direito, mesmo o mais perfeito relativamente, nos oferece exemplos de fórmulas falsas, isto é, erros que residem não nas disposições mesmas, mas na maneira de expressá-las, o que prova a grande dificuldade que oferece a operação de que tratamos aqui[3].

Se em épocas de grande desenvolvimento intelectual nem sempre se conseguiu dar uma fórmula exata a qualquer regra jurídica, quantas dificuldades não terá uma geração menos acostumada com o trabalho mental? Nesse ponto, que grande diferença não existe, por conseguinte, entre o direito real e o

---

por mais que os afugentemos a pauladas, eles voltam à carga". Se, em vez de língua e gramático nacional, escrevermos direito e jurisconsulto nacionais, *nomine mutato narratur fabula de te.*

3 Observação feita com muita frequência pelos jurisconsultos romanos. Ver, por exemplo, L. 1, L. 202 de R. J. (50, 17), L. 32 pr. de usur. (22, 1), L. 1 pr. de reg. cat. (34, 7).

direito formulado? A fórmula será por vezes muito concisa, por outras demasiado ampla. Talvez as condições essenciais da regra sejam omitidas porque não se pensou nelas ou porque foram consideradas evidentes por si mesmas. Ou, então, como será concebida de modo geral, sem menção às suas modificações necessárias, ela aparecerá submetida a uma espécie que se destaca das outras, embora, pelo seu valor prático, devesse constituir um novo gênero.

Essa diferença entre o direito formulado e o direito real é tanto *quantitativa* como *qualitativa*, tanto *extensiva* como *intensiva*. Em outras palavras, além das regras expressas do direito existem as latentes, e como as regras expressas por si mesmas não têm sempre uma fórmula adequada, depende da teoria, de certo modo, aumentar por meio do direito existente a soma das regras jurídicas e até aperfeiçoá-las. Essa diferença, que varia segundo a diversidade de tempos e povos, não é determinada somente pelo grau de civilização, mas também pela variedade das faculdades naturais e do talento inato. Certos povos sentem menos necessidade de ter consciência do seu direito e de fixá-lo exteriormente, outros são animados *a priori* por essa tendência e possuem as disposições naturais necessárias para tal. Esse dom da expressão de que tratamos reside mais na qualidade ou perfeição das regras do direito que na sua quantia ou riqueza, porque nesse assunto a fecundidade quantitativa pode traduzir-se amiúde em sinal de fraqueza[4].

A diferença entre o direito formulado e o direito real varia segundo o grau de civilização, mas não se apaga nunca nem desaparece por completo. Pelo menos, até agora, a experiência demonstrou que o direito é um manancial inesgotável, do qual a prática e a teoria extraem sem cessar regras subjetivamente novas, isto é, hoje desconhecidas, assim como as fórmulas de

---

4   Comprová-la-emos mais adiante ao tratar da parte sistemática do direito.

todos os tempos demonstram, por sua vez, que são suscetíveis de desenvolvimento e aperfeiçoamento.

Tampouco há necessidade de dizer que as fórmulas puramente doutrinais são constantemente retocadas e assumem todos os dias formas novas. Mas é útil para as pessoas estranhas ao direito fazê-las notar que o mesmo acontece com as regras expostas nas leis, não só quando o legislador por si mesmo corrige seus erros, mas também sem a intervenção dele, no campo da doutrina pura. Isso se dá em parte por meio da interpretação, que fixa o sentido verdadeiro da lei contra uma redação demasiado estreita ou ampla, e em parte pela extensão analógica, que contém um desenvolvimento da lei na medida em que nos mostra que a disposição legal foi erroneamente circunscrita a uma série de fatos que não podem ser apreciados como essenciais, ou limitada a uma única espécie em vez de aplicar-se a um gênero inteiro, e que se deve, por conseguinte, estender o preceito para além dos limites estreitos que lhe foram impostos[5].

Tendo chegado à conclusão de que, entre o direito objetivo, tal como existe e é aplicado, e sua expressão, na forma de regras do direito, não existe uma concordância completa, falta responder a uma pergunta que certamente terá surgido à mente de mais de um leitor. É certo que essas fórmulas jurídicas defeituosas terão exercido influência desfavorável sobre o direito? Distingamos. Esse perigo é menor nas épocas em que as fórmulas são mais imperfeitas, porque a arte de formular o direito ainda está na infância. Efetivamente, onde quer que a aplicação dessas fórmulas possa

---

5   Terá cabimento com frequência a extensão por analogia se, na época da publicação da lei, não eram conhecidas mais que algumas espécies isoladas de um gênero do qual depois surgiram outras, como por exemplo: a lei antiga fala somente (a respeito da moeda falsa) do dinheiro cunhado; porém, mais adiante, foi criado o papel-moeda, e, para que a lei seja estendida a este último, a doutrina diz o seguinte: a lei tem por objeto o gênero moeda (instrumento de troca certificado publicamente), embora apareça ligada à espécie (moeda metálica), porque na época da feitura da lei o gênero e essa espécie única se confundiam; seu objeto essencial não era o que distingue a espécie (o metal), mas o que é comum ao gênero (a moeda). Ver parágrafo 44.

produzir um conflito com o direito tal como ele vive objetivamente na realidade e subjetivamente no sentimento, ele intervém para retificá-las[6]. Entre as regras do direito e o direito real existe a conexão que indica um jurisconsulto romano[7]: *regulae juris: regula est, quae rem, quae est, BREVITER enarrat: NON UT EX REGULA JUS SUMATUR, sed ex jure, QUOD EST, regula fiat.* Também importa observar: primeiro, que as relações jurídicas dos tempos primitivos são relativamente pouco complicadas, e depois que as regras do direito, aos olhos dos seus contemporâneos, que as veem cotidianamente nas relações jurídicas concretas para as quais foram feitas, têm um aspecto muito distinto do que oferecem a quem as observa em outra era e com o critério geral de outra época mais adiantada. Para uns basta um ligeiro esboço para representar a imagem, no qual os outros só enxergam traços confusos. As fórmulas poderiam ser definidas como o relato que apresenta um povo do desenvolvimento do seu entendimento jurídico particular. Por mais defeituosas ou ininteligíveis que sejam para qualquer um que não disponha das condições requeridas para compreendê-las, serão menos insuficientes para aquele que souber supri-las com os conhecimentos gerais da vida e o sentimento do direito comum a todos os homens.

À medida que a corrente do tempo diminui o frescor e a vivacidade da percepção imediata do direito, é mais preponderante a influência da teoria na aplicação deste, mas ao mesmo tempo aumenta também a possibilidade de preocupações práticas, que decorrem de erros cometidos pela teoria ao formular as regras de direito. Por sorte, à medida que a necessidade de uma expressão teórica mais correta impõe suas vantagens, são maiores os meios que se tem para consegui-la. A arte de formular o direito

---

[6]   Volto a referir-me à analogia da linguagem. As regras gramaticais errôneas prejudicam menos o uso da língua nas épocas em que a arte das abstrações gramaticais não está desenvolvida.

[7]   Paulo, L. 1 de R. J. (50, 17).

aproxima-se sempre e cada vez mais do seu objetivo, tendendo a transformar num espelho fiel o que não era mais que um bosquejo desprovido de formas.

Qual é então a conclusão das observações que precedem, com vistas ao fim a que nos encaminhamos? Quais são as consequências que se desdobram com relação ao método? Duas proposições podem ser deduzidas, ou, mais exatamente, uma premissa que nos será útil de diferentes pontos de vista. De fato, a ideia fundamental que desenvolvemos até agora, de que as regras não são mais que os pontos práticos, culminantes e externos do direito, mas que não abarcam nem esgotam seu conteúdo real nem em intensidade nem em extensão, essa ideia fundamental nos estimula e aconselha. Ela adverte-nos que não se deve identificar o direito de uma época determinada com suas regras jurídicas; que quanto mais atrasada ela é, menos aptidão ela tem para abstrair e formular, e menos também devemos esperar encontrar em suas regras jurídicas, como em suas primeiras gramáticas imperfeitas, uma representação exata do seu direito ou da sua linguagem; e que mesmo que dispuséssemos de todas essas regras, ainda não teríamos uma imagem fiel do seu direito, porque o que elas nos dão é a consciência que essa época tinha do seu direito, mas não a do direito em si. A essa advertência vem unir-se necessariamente o estímulo de formular mais exatamente o direito, ou seja, suas regras (agora só tratamos dessa parte), procurando descobrir as latentes.

À primeira vista parece uma grandíssima temeridade que um historiador, que vem milhares de anos mais tarde, tente ser o primeiro a dar a forma verdadeira às regras de direito do passado, e parece ser paradoxal descobrir uma regra de direito muito tempo depois que esta última deixou de existir. Mas será realmente temerário? Quantos fatos históricos não são compreendidos pela primeira vez muitos anos depois de terem acontecido! Quantos indivíduos não são apreciados pelo seu verdadeiro valor muito tempo depois que a tumba se fechou sobre eles! Toda época é um enigma que somente a posteridade tem capacidade para resolver. Se a visão mais recente não se aprofundasse mais que a contemporânea aos fatos, a história, condenada a uma eterna inércia, seria uma ciência morta, que poderia contentar-se em gravar para todas as épocas, como se fosse incontroverso, o relato diário dos acontecimentos. A mesma faculdade que o historiador usa, submetendo ao juízo de sua crítica as fontes da história e formando desse modo uma imagem independente do passado, reivindico-a para o historiador do direito, para quem as fórmulas jurídicas tradicionais são as balizas indicadoras do caminho e não as pedras limítrofes que cercam o campo de suas investigações.

Avancemos um passo no exame da estrutura do organismo jurídico. As regras do direito, das quais tratamos até agora, são deduzidas por abstração do juízo das diferentes relações da vida, com o intuito de expressar e fixar sua natureza íntima. Com frequência é necessário o concurso de muitas regras para estabelecer a forma jurídica de uma única relação, e então encontram nela seu objeto comum e seu ponto de união, circundando-a como os músculos aos ossos. Esse caráter da vida, traduzido assim em forma legal, pode, por sua vez, depender de outro ao qual está ligado; por exemplo, como fase ou momento transitório deste último (aquisição ou perda dos direitos em oposição a eles), ou como consequência (sucessão do herdeiro nas dívidas do testador a respeito da adição da herança), ou como espécie de um gênero (contrato de venda com relação aos contratos em geral, e estes com relação às obrigações).

Dessa maneira, as diversas relações jurídicas da vida, que como tais podem ser objeto de exame, reúnem-se ao redor de grandes unidades sistemáticas ou instituições jurídicas que (para empregar uma linguagem figurada) nos representam o esqueleto do direito, ao qual adere a substância inteira, ou seja, as regras que o compõem.

A missão da ciência é estudar a disposição dos membros do direito, buscando a posição verdadeira dos grandes e dos pequenos. Como essa parte sistemática da jurisprudência é infinitamente mais importante do que parece à primeira vista, o estudo que faremos dela será profundo e detido.

A importância dessa missão da jurisprudência não resulta, segundo conceito algum, do fato de que não se pode compreender o direito sem conhecer sua conexão sistemática, porque isso acontece para qualquer objeto do entendimento. Por outro lado, hoje já é supérfluo observar que o sistema, em matéria de direito, como em qualquer outro ramo científico, não deve consistir numa ordem aplicada artificialmente, mas deduz-se do próprio fundo do objeto. O primeiro engendra uma condição estranha ao objeto, na qual ele é forçado a entrar mediante violência; é uma rede que se pode lançar indiferentemente sobre este ou outro direito e que mais dificulta que facilita a inteligência da estrutura do objeto individual. Quem diz sistema diz ordenação interna da coisa mesma. Todo sistema é, portanto, perfeitamente individual, e cada direito tem seu próprio sistema que não convém aos outros.

O espírito sistemático aplicado ao direito oferece a particularidade de que, além de não servir como nas outras ciências para pôr cada uma das partes no seu respectivo lugar, esse procedimento formal exerce uma reação material sobre o próprio objeto ao qual se aplica, operando-se por meio dele uma transformação interna nas regras do direito. Estas amalgamam-se numa agregação muito mais delicada quando se despojam de sua forma de proibições e ordens para revestir a de elementos e qualidades das instituições jurídicas. É assim que nascem, por exemplo, as definições dos princípios gerais, os fatos constitutivos dos atos jurídicos, as qualidades das pessoas, das coisas, dos direitos e as divisões de toda espécie, etc. O leigo, acostumado a representar-se uma regra jurídica na forma imperativa, não pode compreender como grande parte do sistema jurídico pode despojar-se inteiramente desse aspecto, e menos ainda que as definições, as divisões, etc., em suma, a lógica dogmática, contenham uma importância prática mais intensa que as regras habituais. Essa lógica do direito é, de certo modo, a fina flor, o precipitado das regras do direito; uma única definição benfeita pode englobar o conteúdo prático de dez regras anteriores. Tomemos alguns exemplos e comecemos por certas propriedades das coisas, das quais não se dirá que devem sua origem às regras de direito e que não fizeram mais que se converter novamente em regras jurídicas.

O primeiro motivo de tal mudança encontra-se na divisão das coisas em *res in commercio* e *extra commercium*. A regra de direito que se oculta por trás dessa divisão é que, no direito, há certas coisas que se subtraem completamente ao domínio privado. Essa conversão é muito mais difícil de reconhecer que a distinção entre coisas compostas e simples, divisíveis e indivisíveis, porque essa diferença não diz respeito a uma qualidade jurídica, mas a uma simples qualidade natural das coisas. No entanto, esta última possui a eficácia prática contida, por exemplo, na regra seguinte: quando uma coisa se une a outra, desta ou de outra condição, todas as relações jurídicas que regiam a coisa juntada se extinguem. Se ela for desta ou daquela qualidade, extingue-se apenas a posse, mas a propriedade e os outros direitos continuarão. Enquanto durar a reunião, o proprietário da coisa composta encontra-se nesta ou naquela relação com as partes que a compõem. Se cessar a reunião, uma coisa sujeita-se à posse ou usucapião e outra à reivindicação e à propriedade, etc. Em suma, há muitas questões práticas, nascidas da decomposição de uma coisa em muitas ou da reunião de muitas numa só, que podem ser resolvidas mediatamente, de acordo com o desenvolvimento das qualidades das coisas em apreço.

Citemos outro exemplo, a definição de um direito qualquer, por exemplo, o de penhor, que se define como o direito sobre coisa alheia, pelo qual se pode vendê-la e empregar seu produto para liquidar um crédito. Essa definição contém as regras de direito seguintes: 1) o pacto de que seja juridicamente válido que um credor possa vender um objeto de outrem para extinguir um crédito deste último; 2) se o objeto sair de suas mãos, existe uma ação contra o terceiro possuidor para restituição da coisa (*in rem actio*); 3) a coisa dada em penhor deve ser alheia, pois não pode haver direito de penhor sobre coisa própria, direito que se extingue, por conseguinte, quando o credor adquire a propriedade da coisa dada em penhor; 4) é condição indispensável a existência de um crédito, e disso decorre que o direito se extingue quando desaparece o crédito e que só nasce quando existe este último, etc.

Nessa conversão das regras em definições jurídicas é que se diferenciam o desenvolvimento e a intuição científica do direito da sua exposição num código. O legislador pode limitar-se a estabelecer sua vontade na forma originária, imediatamente praticável, enquanto a ciência, ao contrário, não somente tem a missão de explicar e coordenar essas vontades, mas também deve reduzi-las a elementos lógicos do seu sistema. O legislador oferece-nos, por assim dizer, corpos compostos que só lhe interessam devido à sua utilidade imediata; a ciência, ao contrário, empreende a análise e converte-os em corpos simples. Ao fazer essa operação, vê-se que regras aparentemente heterogêneas se compõem com auxílio dos mesmos elementos e podem desaparecer, sendo imediatamente inutilizadas; que uma regra que não difere de outra senão num único ponto pode ser indicada apenas mediante este último; que tal outra se compõe de muitos elementos, cuja noção é simples, e que se deve, por conseguinte, reuni-los para obter a regra. Com uma análise parecida adquire-se o conhecimento da verdadeira natureza das regras do direito, o que oferece a vantagem de que a ciência, em vez de uma multiplicidade de regras distintas, obtém um número determinado de corpos simples, por meio dos quais pode recompor, quando desejar, cada uma das regras do direito[8].

A *simplificação* não é a única vantagem que essa análise oferece. As definições assim obtidas não são unicamente simples decomposições das regras de direito propostas, por meio das quais só se pode reconstituir essas mesmas regras, mas essa análise tem o mérito mais precioso de proporcionar a possibilidade de incrementar o direito por meio do próprio direito, e de ampliá-lo e engrandecê-lo em virtude de suas próprias forças intrínsecas. A combinação dos diversos elementos permite à ciência criar novas noções, que na sua fecundidade aprimoram e engendram outras. As regras do direito como tais não possuem essa força geradora, permanecem inertes até que sejam reduzidas a elementos simples e colocadas em linha ascendente, segundo as relações e o grau de parentesco que têm com outras; ou, o que dá na mesma, até que possam testemunhar sua descendência de outras noções e criar, por sua vez, noções novas tiradas do seu próprio seio[9].

Examinamos até aqui a influência que essa análise e esse ordenamento sistemático das regras do direito exercem sobre o próprio direito, influência que consiste em *alçar as regras do direito à categoria de elementos lógicos do sistema*; e essa ope-

---

8   Pode haver, de fato, disposições que sejam completamente impossíveis de decompor: assim são as prescrições puramente positivas que resistem a todos os esforços da ciência e que só se pode inscrever como regras no lugar que lhes convém no sistema.

9   Para dar um exemplo, suponhamos que um legislador novo tenha que rechaçar absolutamente o direito de penhor. A missão da ciência consistirá em decompor primeiramente o direito de penhor nos seus dois elementos: o elemento real (direito sobre coisa de outrem) e o obrigatório (as relações pessoais de crédito entre o credor e o devedor). Em seguida ela procurará, nas modificações a que está submetida a combinação que forma o direito de penhor, a ideia do direito sobre a coisa e a ideia do crédito. Essa variante virá a ser então o elemento específico do direito de penhor, elemento que só necessitará de uma elaboração ulterior e no qual se encontra a causa geradora do direito de penhor.

ração, como se compreende, tem também para o mundo a mais alta importância, porque nos fornece, por assim dizer, os reagentes simples para os fatos concretos da vida, tão numerosos quanto complicados. Aquele que quisesse realizar essa tarefa valendo-se apenas das regras do direito ver-se-ia confuso, porque a vida social tem combinações tão inesgotáveis que o casuísmo mais abundante de um código seria sempre mesquinho diante das espécies incessantemente renovadas. Ao contrário, com um pequeno número de reagentes resolvemos cada caso que se apresenta. Servindo-me de outra comparação, poderia chamar essa estrutura sistemática ou lógica de alfabeto do direito. Entre um código concebido casuisticamente e um direito reduzido à sua forma lógica existe a mesma conexão que entre a língua chinesa e a nossa. Os chineses têm para cada ideia um signo particular, de tal forma que a vida de um homem mal basta para conhecê-los todos e que as ideias novas exigem, portanto, novos signos. Nós, ao contrário, possuímos um alfabeto curto com o qual compomos e decompomos todas as palavras, e, como ele é fácil de manejar e aprender, nunca nos deixa sem resposta. Um código casuístico contém igualmente uma multiplicidade de signos para certos e determinados casos, enquanto um direito reduzido a seus elementos lógicos nos oferece seu alfabeto, por meio do qual podemos decifrar os diferentes modos da vida, por mais difíceis que possam ser.

Agora se compreenderá melhor, graças às indicações que antecedem, a observação que fizemos de que a quantia das regras implica fraqueza e pobreza, e denuncia impotência na função digestiva intelectual e falta da força necessária para extrair a quintessência lógica da soma de regras, para convertê-las, valendo-me de outro símile, em carne e sangue, força que possui, precisamente, a jurisprudência e que constitui, além de um dever iniludível[10], sua propriedade característica e sua aplicação contínua às regras do direito.

Voltemos agora a nosso ponto de partida e façamos uso das conclusões às quais chegamos. Possuímos uma compreensão mais ampla do organismo do direito, sabemos que a maior parte de suas regras são suscetíveis de converter-se em elementos lógicos e que estes, por sua vez, podem colocar-se em categorias superiores, de modo que falta pouco a acrescentar sobre as regras de direito propriamente ditas. Esse *precipitado* das regras do direito num sistema não é questão de gosto individual, nem resulta da colocação científica dos materiais, mas é obra do próprio direito. Estudá-la separando-a das regras propriamente ditas é abandonar o exame incompleto e superficial da matéria e penetrar na sua compreensão íntima. Assim como o sistema não é algo estranho introduzido no objeto, mas sua própria ordem, da mesma maneira o plano lógico e a transubstanciação das regras do direito, embora pareçam ser resultado de ideias sistemáticas preconcebidas, na realidade não são mais que a afirmação da verdadeira natureza do direito, que se manifesta a uma inteligência exercitada como um organismo lógico de instituições e definições jurídicas, e a um observador menos experiente como um conjunto de regras. O primeiro desses pontos de vista corresponde à natureza íntima do direito, o segundo mostra apenas o lado externo e superficial, voltado para a vida prática.

Se, a respeito do caráter externo do direito, dissemos que seu conhecimento se vê rodeado de dificuldades e que, por con-

---

10 O *Compêndio das noções históricas sobre a formação do corpo das leis russas*, São Petersburgo, 1833, lança grande luz sobre esses pontos. Desde o Código de 1649 se haviam publicado 35.000 leis; desse número faltavam muitas nas compilações privadas, que custavam até 5.000 rublos e, em certas épocas, mais da metade. Havia também uma lacuna de 48 anos. Isso não impediu a Comissão de procurar no número insuficiente de leis a razão da imperfeição do estado do direito (p. 86). A jurisprudência não alçará vôo (disse a Comissão) enquanto não organizar todo esse caos (p. 96, 100). Teria sido mais proveitoso queimar a maior parte desses documentos vetustos.

seguinte, resulta amiúde imperfeito, essa verdade é ainda maior quando se trata de sua estrutura lógica. A necessidade prática e imediata leva apenas ao conhecimento das regras jurídicas, e um povo precisa estar muito adiantado para poder elevar-se a partir dessas regras até o descobrimento do *alfabeto* jurídico. Veremos que é precisamente nisso que se manifestou a predestinação extraordinária do povo romano para o cultivo desse ramo da ciência. As grandes dificuldades que lhes apresentava esse método eram patentes na época dos jurisconsultos clássicos: *Omnis definitio in jure civili*, dizem eles[11], *periculosa est: parum est ut non subverti possit*, ou seja, toda definição criada com os materiais fornecidos pelas regras do direito é difícil. Há casos em que os jurisconsultos clássicos se declaram impotentes para dar uma definição exata e insistem na necessidade de se formar uma ideia desta observando a vida[12].

O homem de hoje compreende o direito do passado melhor que os coetâneos deste último porque pode perceber o que permanecia oculto para eles: se encontrar apenas uma confusão de regras de direito, servir-se-á destas para reconstruir o organismo lógico deste último; e se elas não lhe apresentam mais que o lado externo do direito voltado para a vida prática, tratará de descobrir nele a substância íntima e lógica.

⁕

Demos o último passo em nosso exame do organismo jurídico. Quando consideramos o direito de um povo nas suas dife-

---

11   L. 202 de R. J. (50, 17).

12   Por exemplo, na *Mora. L. 32 pr. de usuris (22, 1): nam difficilis est hujus rei definitio. Divus quoque Pius Tullio Balbo rescripsit: an mora facta intelligatur, neque constitutione ulla, neque juris auctorum quaestione decidi posse, cum sit magis facti, quam juris.* Porém, se as fórmulas das definições dos jurisconsultos romanos são por vezes insuficientes, eles sempre estiveram imbuídos da bondade das mesmas, como prova a magistral aplicação que delas faziam.

rentes épocas, constatamos que as instituições jurídicas (qualquer que seja, fora isso, seu contraste lógico, por exemplo: o direito das sucessões, o direito das obrigações, a tutela, etc.) têm, no mesmo período, certos pontos de contato e uma semelhança de fisionomia muito maior e maravilhosa que a que constantemente se encontra numa única e mesma instituição nas fases sucessivas do seu desenvolvimento. Disso podemos deduzir que existem, no conjunto do organismo do direito, certas forças ativas que determinam o espírito, o caráter e a tendência das instituições em particular. Essa igualdade de forças impulsivas concilia-se perfeitamente, tanto no mundo moral como no físico, com a diversidade de formas de expressão. Assim, a cultura do direito romano alça voo a partir do instante em que a liberdade romana torna-se vitoriosa, que as árvores florescem no vale quando a neve se desfaz no cume das montanhas. Em ambos os casos, os fenômenos revestem-se de uma diferença exterior, mas tanto um como outro são produzidos pela mesma causa. Quanto mais exuberante for a força vital, mais variada se apresentará a forma na qual ela se manifesta, e reciprocamente, quanto mais languesce a primeira, mais raquítica se apresenta a segunda. De igual modo, no direito as mesmas forças podem limitar uma instituição e ampliar outra, ou enfraquecer esta enquanto aquela adquire maior brio.

São essas forças impulsivas que conservam realmente a unidade e a individualidade do organismo. Sem elas o direito não seria mais que um conjunto de instituições isoladas. Elas nos apresentam de certo modo o coração do organismo jurídico, do qual emana sangue vivífico e ardente, que circula por todos os membros e confere-lhes esse caráter individual pelo qual se reconhece que o direito pertence a tal povo e tal época.

Em cada veia sentimos cheios de vida e mais ou menos rápidos os batimentos das ideias gerais e a pulsação dos desejos, das aspirações de um povo e de uma época que, levando lentamente e de maneira apenas perceptível seu alimento às diversas instituições submetidas às flutuações do tempo, verificam em todo o organismo a mutação correspondente. Esse é o elemento psíquico do direito, que, no seu caráter externo, vem a ser o que a alma é para o corpo. O espírito do povo e da época, portanto, é o espírito do direito.

Assim como o conhecimento da alma é mais difícil de investigar que o do corpo, também o estudo desse elemento *psíquico* do *espírito do direito* é mais laborioso que o da sua matéria. Enquanto as regras se revelam imediatamente e as instituições e definições se denunciam por si mesmas na sua aplicação prática, as forças motrizes do direito ocultam-se no mais profundo da sua essência íntima e obram pouco a pouco, infiltrando-se em todo o organismo, mas sem manifestar-se com regularidade em parte alguma de maneira bastante visível para que se possa palpá-las imediatamente. Nenhuma necessidade prática obriga a conhecê-las porque nada têm de prático. Mais que regras, elas são qualidades, traços de caráter das instituições jurídicas, ideias gerais que por si mesmas não são suscetíveis de aplicação, mas que exerceram influência determinante sobre a formação das regras práticas do direito.

Não devemos nos espantar, depois das considerações expostas, que esse lado do direito só se revele à inteligência tardiamente e de modo incompleto, nem nos admirar que as próprias tendências e ideias para cujo cumprimento trabalha uma geração permaneçam ocultas e sejam descobertas por uma geração posterior. Se fosse preciso consignar a natureza superior do direito, se se quisesse demonstrar que ele não é obra dos homens, nem simples resultado da reflexão, encontrar-se-ia também a prova no seguinte fato: o legislador que dita uma lei com plena convicção do fim ao qual aspira e dos intuitos que vai realizar não pode subtrair-se à ideia de que essa lei é somente obra sua e que contém somente aquilo que ele quis que contivesse. No entanto, é o espírito da época que se infiltra nos materiais que o legislador tem à mão sem que ele se dê conta disso. Todas as suas ações, todos os seus esforços, cuja unidade e necessidade ele não percebe em si mesmo, aparecerão para o observador que virá depois como um momento único e absoluto do desenvolvimento universal do direito. Tal como a planta, que em aparência não absorve nada de fora mas recebe, todavia, sua nutrição da terra e da atmosfera, assim também todo direito toma imperceptivelmente os elementos de sua vida do mundo no qual tem suas raízes e da atmosfera na qual vive. Esse fenômeno oculta-se enquanto se forma diante da fraqueza de nossa visão; porém, assim que se completa podemos assegurar que estamos em condições de elevar-nos dos efeitos ao conhecimento da causa.

Se as observações que precedem são verdadeiras para a idade madura dos povos, elas o são muito mais para a sua infância. O historiador pode conseguir sem dificuldade encontrar a voz técnica, a chave de todos os movimentos e causas que permaneceram ocultos aos povos. Em toda instituição jurídica podem ser descobertas, com máxima evidência, certas aspirações nacionais fundamentais, das quais o povo, ainda que nunca tenha tido consciência, não obstante teve pressentimento. De fato, não é raro que essas ideias não expressas tenham recebido, de forma velada e misteriosa, uma expressão fecunda nos mitos, na etimologia, nos símbolos, etc. Durante o sonho, o gênio do povo fez uma confissão que nunca teríamos arrancado dele enquanto estava desperto.

Há nos símbolos um campo fértil para a atividade do historiador. Porém, não nos iludamos, o terreno é escorregadio. Quanto mais o historiador trata de aproximar-se do laboratório da história, mais nebulosas e confusas são as formas que encontra, e no lugar do espírito que persegue acha fogos-fátuos que procuram desviá-lo do seu verdadeiro caminho. Há quem trate de buscar o verdadeiro espírito de uma coisa que maliciosamente se oculta:

no momento em que crê ter se apoderado dele, é apenas um fantasma que desvanece e convence-o de seu equívoco. Disso resulta que certas tentativas estão desacreditadas para muitos, porque o vulgo, que só crê naquilo que pode tocar com suas mãos, permanece fiel às suas dúvidas e não vê nessas especulações mais que um vão delírio da imaginação. Compreende-se que essa maneira de apreciar seja difundida também entre os rábulas práticos, porque eles, como São Tomé, precisam ver para crer.

O estudo que acabamos de fazer nos leva à conclusão de que o direito não deve ser confundido com o conhecimento subjetivo dele, e que para estudá-lo é preciso examinar também seu caráter interno e sua parte latente. Mas o método geralmente usado limita-se à exposição dogmática, quer dizer, à reprodução das leis, regras e definições que nos transmitiu a tradição histórica. Um refrão constante do direito romano é o *estudo das origens*, e o pensamento mais ousado até agora é o de ressuscitar a pureza da teoria romana. Se isso fosse possível, seria necessário jogar fora tudo o que não está diretamente expresso de modo tangível no direito romano e fazer retroceder nossa educação científica até a época de Ulpiano e Paulo. Mas a época de Paulo e Ulpiano passou para sempre e todos os esforços imagináveis não a trarão de volta. Para evocá-la novamente hoje seria preciso ter esquecido que cada época deve ser o original e não a cópia de outro tempo, que cada época pode e deve considerar um mesmo objeto histórico do ponto de vista que lhe corresponde com relação a ela, e que dessa maneira cada nova geração descobrirá novas fases do dito objeto. Tendo em vista essa tendência, é necessário definir nossa opinião com muito mais cuidado e atribuir ao estudo dogmático e histórico do direito romano um fim mais importante que o de reproduzir simplesmente a doutrina dos romanos.

Fisiologia do organismo jurídico. – Suas funções na vida. – Realizabilidade formal do direito. – Missão do historiador na presença do direito do passado.

4. A missão dos órgãos revela-se nas suas funções: eles existem para cumprir alguma ou algumas delas. Disso decorre que toda organização se dirige constantemente para esse fim. Essa verdade vale tanto para o organismo jurídico como para o organismo físico, porque no direito é preciso o conhecimento de suas funções para a compreensão de seus órgãos, assim como a fisiologia é necessária para a perfeita compreensão da anatomia.

Nada mais errôneo, portanto, que julgar um direito como um sistema filosófico e não considerá-lo unicamente do ponto de vista do seu mérito intelectual, da ordem lógica de seus membros e da sua unidade. Pouco importa que, por trás dessa dependência, que não estabelece seu verdadeiro valor, ele apareça como obra perfeitíssima, se não repousar por completo no conhecimento de suas funções, ou seja, na possibilidade de sua realização prática. De que adianta que uma máquina apareça como uma obra perfeitíssima de arte se, como máquina, é imprópria para o uso a que se destina?

Mas esse aspecto funcional do direito nem sempre chamou a atenção que merece, e a razão disso é que essa parte funcional é menos visível à medida que, como dissemos em outro parágrafo, o direito se transforma e eleva do seu estado inferior de sumas de regras ao da sua expressão mais alta de conjunto de definições. A forma imperativa de ordem e proibição, as expressões "tal coisa será assim e desta maneira" suscitam quase necessariamente a pergunta: "por quê?". O contrário acontece a partir do momento em que as regras do direito despojam-se desse aspecto para transformar-se em ideias ou definições jurídicas, porque então a crítica presta mais atenção no seu valor lógico que na sua utilidade prática. Outra ilusão, tão enganosa quanto atraente, é supor que seja mais nobre e importante tratar a matéria do direito como emanação da ideia ou do plano, crendo que esse plano ou ideia seja, por conseguinte, a origem e que exista por si mesmo, quando na realidade toda a disposição lógica dos membros do direito, por mais completa que possa ser, não é mais que uma coisa secundária, um produto do objeto ao qual deve servir. O fato de as ideias serem compostas de tal modo ou de outro depende precisamente de que somente nessa forma elas podem satisfazer as necessidades da vida, razão pela qual seu livre desenvolvimento lógico é amiúde suspenso ou contrariado. Sem essa influência, o valor também lógico do direito seria frequentemente superior, mas sua utilidade prática menor[13].

A função do direito, em geral, é realizar-se. O que não é realizável nunca poderá ser direito e, ao contrário, tudo aquilo que produz essa função será direito mesmo antes de ser reconhecido como tal (direito consuetudinário). Assim, portanto, no uso real está a primeira consagração do direito e o único meio exato de reconhecer, além do texto que a lei ou outra fórmula estabeleceu, o comentário e a crítica desse texto. *Usus longo tempore unus est legum corrector*, como diz Tito Lívio (45.32). Nenhum código de leis, nem coleção sistemática do direito, de qualquer época ou povo,

---

13 Os romanos chamavam essa influência da vida sobre o desenvolvimento lógico do direito de *jus singulare*, e a lógica do direito de *ratio* ou *regula juris*. Cf. p. ex. L. 16, de legib. (1, 3) JUS SINGULARE, *est quod contra tenorem* RATIO-NIS *propter aliquam* UTILITATEM AUCTORITATE CONSTITUENTIUM *introductum est*. L. 15 ibid. *In his, quae* CONTRA RATIONEM JURIS *constituta sunt, non possumus sequi* REGULAM JURIS. Os romanos negavam com razão ao *jus singulare* a produtividade lógica, no intuito de que a brecha provocada no direito romano não se tornasse maior que o necessário. O *jus singulare* era aplicado na sua mais ampla extensão, mas não era um *princípio produtivo*. L. 14 ibid.: *Quod vero contra rationem juris receptum est, non est producendum ad consequentias.*

poderia ser suficientemente compreendido sem o conhecimento das condições reais desse povo e dessa época, conhecimento que por si só explica a existência das regras do direito e seu significado e nos faz conhecer os obstáculos ou meios que encontra a eficácia deste último nas circunstâncias da vida, etc. O direito, tal como chegou até nós nas suas formas legislativas, é como o desenho de uma máquina. A melhor explicação e ao mesmo tempo crítica que dela podemos fazer nos é dada não pelo desenho, mas pela própria máquina quando funciona, porque então mais de uma mola despercebida de início revela sua grande importância e mais de uma roda aparentemente principal e muito necessária pode até ser inútil. O motivo da existência de tal instituição e de sua forma encontra-se no fim e nas necessidades de tal ou qual época determinada, e nas condições estabelecidas para esta última a razão de por que tal instituição veio a ser possível e tal outra necessária. Não preciso justificar a ideia de que nenhum direito pode ser compreendido senão do ponto de vista da vida real, nem mesmo para aqueles que são estranhos ao direito[14], mas devo acrescentar algumas explicações a respeito de outra

---

14 Farei notar somente a diferença que existe, nas instituições jurídicas particulares, entre sua estrutura ou estado anatômico e suas funções. Pode haver instituições de estrutura anatômica diferente com funções idênticas ou parecidas. Por exemplo: o legado e a *donatio mortis causa*, a garantia do direito antigo em forma de *fiducia* (transferência da propriedade) e o *pignus* do direito novo, a cessão e a delegação, a curatela e a tutela, a maneira de extinguir-se as ações e a perda de direitos por prescrição temporal. Ao contrário, a estrutura pode ser análoga ou essencialmente a mesma para uma instituição e suas funções serem muito diversas, como, por exemplo, a forma republicana, que conservou sua estrutura anatômica (povo, senado e magistrado) nos primeiros anos da época imperial. Nosso método jurídico confere, infelizmente, demasiado valor à estrutura anatômica das instituições e muito pouco às suas funções. Desse ponto de vista, Puchta é coerente quando coloca o direito de tutela entre as obrigações.

propriedade do direito, que também deve cumprir-se, e por isso passo a tratar da sua *realizabilidade formal*[15].

Separo e distingo a *realizabilidade material* do direito de sua *realizabilidade formal*: entendo pela primeira a utilidade ou oportunidade das disposições materiais do direito, qualidade que, pela sua natureza, é inteiramente *relativa*, determinada como é pela relação indicada antes, que existe entre o direito e o mundo social em decorrência das exigências da época, do caráter particular de um povo e das condições mesmas da vida; considero, ao contrário, como *realizabilidade formal* a facilidade e segurança da aplicação do direito abstrato às espécies concretas. Segundo essa operação exija um gasto maior ou menor de força intelectual, segundo seus resultados sejam mais ou menos certos, direi que o direito tem uma *realizabilidade formal* maior ou menor. É claro que não me refiro à facilidade ou dificuldade que se possa encontrar para compreender as regras do direito que é necessário aplicar. A partir do momento em que uma regra do direito foi compreendida com exatidão, o trabalho está terminado, e só se precisa recorrer a ela nos casos particulares. A facilidade ou dificuldade de que falamos concerne à aplicação da regra, isto é, à transformação da regra abstrata em direito concreto, trabalho que se renova em cada caso particular. Aplicar uma regra de direito é discernir e expressar concretamente o que ela propõe abstratamente. Ora, isso tanto pode ser sumamente fácil como estar repleto de dificuldades. O engenho e a retidão do juízo (*diagnóstico jurídico*) de quem deve aplicar a regra exerce também grande influência. Mas a dificuldade ou facilidade objetiva dessa aplicação é determinada pela própria regra, segundo suas disposições estejam ligadas a critérios mais ou menos difíceis de reconhecer.

---

15 Como ilação de ideias reproduzo aqui, sem modificá-la, toda a explicação que segue, tirada da primeira edição, embora tenha tratado o mesmo objeto pela segunda vez na teoria do tecnicismo (tomo II, segunda parte) com o nome de *praticabilidade* do direito (cf. ibid., p. 347 ss.) (edição alemã).

Toda regra de direito estabelece uma hipótese (*se alguém fez isto ou aquilo*) e deduz uma consequência (*acontecerá isto ou aquilo com ele*)[16]. Aplicar a regra equivale, portanto: 1) a indagar se a hipótese se realiza na espécie concreta e 2) a expressar de modo *concreto* a dedução puramente *abstrata*, por exemplo, avaliar em dinheiro o dano reparável que se causou. Compreende-se, pois, que o sentido da hipótese e de sua consequência tenha importância muito extensa. Tomemos, por exemplo, a maneira de tratar a injúria no direito romano antigo e segundo o direito novo. No direito antigo, o resultado da injúria, ou seja, sua pena, consistia numa multa determinada (25 ases); no novo, ela era deixada à apreciação do juiz. Naquele, assim que se sabia que havia sido cometida uma injúria, a pena (condenação a 25 ases) era aplicada imediatamente, enquanto neste, ao contrário, esta oferecia grandes dificuldades ao juiz, porque ele precisava calcular cuidadosamente as circunstâncias particulares do caso, quer dizer, a posição social do ofensor e do ofendido, o tempo, o lugar, etc. Quanto ao fundamento da hipótese, é igualmente certo que, se ela tiver por objeto uma tese geral, *v.g.*, as lesões contra a honra, sua investigação na espécie concreta de que se trata será muito mais difícil que se, como acontece em muitas leis antigas, ela se referir a um fato exterior determinado e fácil de reconhecer, como por exemplo: "se tiver golpeado alguém, se o tiver acusado de um delito, etc.".

Quanto mais as condições e consequências de uma regra de direito são determinadas de modo geral e interno, fica mais difícil reconhecê-las de maneira concreta; em contrapartida, quanto mais concretas e exteriores elas são, mais fácil fica apreciá-las.

---

16 Esta forma (se... nesse caso) é a mais simples e mais clara; está na base de toda regra de direito, ainda que não seja sempre empregada expressamente, por exemplo: os menores permanecerão sob tutela até a idade de 25 anos; as fianças das mulheres são nulas, etc. A hipótese é: se alguém ainda não atingiu a idade de 25 anos; se uma mulher contraiu uma fiança; sua consequência será a seguinte: nesse caso, o primeiro estará sob tutela, e a mulher, etc.

Essa facilidade de reconhecer concretamente as abstrações do direito é, na prática, muito mais importante que a perfeição lógica do conteúdo abstrato do direito. Certas disposições grosseiramente elaboradas, mas unidas a *critérios* exteriores, fáceis de reconhecer *in concreto*, superam, do ponto de vista prático, as regras do direito livre de toda crítica no aspecto do fundo e da forma, ainda que nelas se tenha descuidado da *realizabilidade formal*. De fato, a importância dessa qualidade não é somente simplificar e, portanto, facilitar a aplicação do direito, mas também assegurar sua realização uniforme. Quanto mais externos e salientes os caracteres próprios a classificar, tanto mais probabilidade há de que cada ponto seja classificado com exatidão; ao contrário, quanto mais internos esses caracteres, tanto mais aumenta o perigo de equivocar-se.

A facilidade de aplicação exerce sobre o desenvolvimento lógico do direito uma influência determinante e obriga amiúde as ideias jurídicas a abandonar uma parte de sua pureza primitiva para revestir-se de uma forma que as torna de mais fácil manejo na prática. O que perdem por um lado voltam a ganhar por outro com o uso. Para esclarecer esse ponto tomaremos o exemplo da capacidade pessoal civil e política (maioridade e direito de voto). Suponhamos que um legislador queira ordená-las legalmente e que parta da seguinte ideia: será maior de idade aquele que tenha o discernimento e a firmeza de caráter necessários para resolver por si mesmo seus próprios assuntos; será eleitor e elegível aquele que tenha a capacidade e a vontade de contribuir para o bem do Estado. Por mais correta que seja essa ideia, nem por isso seria menos absurdo erigi-la em lei nessa forma abstrata, porque se perderia tempo e muito trabalho para discernir em cada caso concreto a existência dessas condições. Esse legislador criaria um manancial inesgotável de controvérsias e abriria um vasto campo à arbitrariedade do juiz. A aplicação mais irrepreensível da sua lei não estaria ao abrigo das queixas de parcialidade que teria provocado. Como evitar esse escolho? No lugar dessas condições, o legislador voltará sua atenção para outras que têm com elas certa conexão regular, mesmo que não necessária, mas que apresentam a vantagem de poderem ser reconhecidas concretamente de modo muito mais fácil e mais seguro, *v.g.*: ter completado 25 anos para a maioridade; a posse de determinado patrimônio, o exercício de certas profissões, etc., para a elegibilidade. Esse desvio da ideia legislativa original, essa troca de uma hipótese evidentemente melhor, do ponto de vista da relação abstrata, por outra menos adequada e fiel, porém mais fácil de reconhecer na prática, é muito conveniente para o fim do direito, devido à facilidade e segurança desejáveis que dá às funções deste. Pode acontecer, na aplicação, que resultem erros; que os direitos de maioridade ou elegibilidade sejam negados ou concedidos em casos particulares nos quais não deveriam sê-lo, segundo a ideia abstrata; mas nem por isso deixar-se-ia de dar a preferência a esse modo de proceder, do ponto de vista das necessidades da vida, que no direito é o único decisivo.

A ideia da realização formal do direito é, portanto, um princípio estranho à lógica interna das noções jurídicas que modifica ou dificulta amiúde o livre desenvolvimento destas. Esse princípio obriga a separar-nos do fundo íntimo dos conhecimentos para buscar nas distinções e nas ideias internas critérios exteriores tão adequados quanto possível; em suma, leva a estabelecer a *sintomática ou chave de sintomas do direito*. Como consequência desse princípio, além da manifestação exterior das condições de que acabamos de falar e dos seus resultados[17], que a acompanham,

---

[17] Por exemplo, quando as leis, em vez de conceder indenizações a liquidar em cada caso particular, fixam de antemão os grandes interesses moratórios: o dobro (*duplum*) do valor da coisa e dos frutos, multa determinada (*sponsio tertiae partis*), transferência da posse a título de pena (*fructus licitatio*), etc.

devo citar também as presunções[18], que podem ser destruídas por prova contrária; as ficções, que não admitem essa prova; as formas dos atos jurídicos[19], etc.

A ideia que acabamos de admitir, de que não se pode compreender nem julgar o direito de um povo ou de uma época qualquer quando se erige em sistema seu estudo e exposição unicamente do ponto de vista da sua estrutura anatômica, tem tal caráter de evidência que não se explica como se pôde desconhecê-la ao tratar da história do direito romano, e sobretudo do direito privado[20]. Não obstante, foi o que ocorreu com frequência. A maior parte dos tratados sobre a história do direito romano não contém outra coisa além da história dogmática, ou seja, a história da legislação e da doutrina, mas não expõe o direito tal como existia na realidade. Assim, a doutrina perde seu fundo vivo e isola-se da sua correlação com o mundo real, do qual retira o fundamento e as condições de vitalidade, e portanto sua inteligência e justificativa. Por isso, não estranha que muitas instituições legais adotem o aspecto de caricaturas e pareçam, a quem as examina imparcialmente, uma mistura de coisas incompreensíveis[21]. Qualquer historiador leigo que quisesse traçar a história do direito de Roma não cairia nos erros que os autores romanistas cometem a todo momento. Estou convencido de que a história do direito romano teria feito grandes progressos se os historiadores laboriosos tivessem se

---

18 Nesse aspecto, nossa ciência atual e nossa legislação estão muito atrás da jurisprudência romana. Somente a legislação sobre o câmbio e o Código Comercial alemão apresentam uma exceção louvável. Até se considera muito meritório declarar guerra a todas as presunções que o mesmo direito romano não expressou, mas que a prática anterior estabeleceu com muita inteligência.

19 Por exemplo, do testamento. Sem essas formas, a questão de saber quando e como um indivíduo dispôs da herança seria muito difícil de resolver *in concreto*. Até se poderia presumir, como disposição de última vontade, qualquer declaração de uma pessoa sobre disposições que tivesse a intenção de fazer mais adiante.

20 Minha censura não se estende aos trabalhos históricos sobre direito público e processo penal.

21 Cf., por exemplo, a exposição das relações de poder no direito romano, § 36.

ocupado mais dele, e a razão salta aos olhos[22]. A visão do historiador não se dirige *a priori* às abstrações e fórmulas jurídicas do passado, mas prefere estudar a substância jurídica e moral da vida do passado na sua totalidade, e portanto essas abstrações nunca podem parecer-lhe isoladas. O jurisconsulto, ao contrário, forja uma segunda natureza e elege como norma observar nas relações substanciais somente seu aspecto puramente jurídico, de forma que suas explorações no campo da história do direito romano se dirigem exclusiva ou principalmente ao conteúdo dogmático. Acrescente-se a isso que as fontes das quais ele tira os materiais para o seu trabalho também eram, na época delas, pontos dogmáticos aos quais falta naturalmente esse fundo real de que falamos acima, haja vista que os autores escreveram para seus contemporâneos e não para os futuros historiadores do direito, e porque então não havia nenhuma necessidade de suprir para os leitores a condição para a compreensão das obras, isto é, o espetáculo do conjunto da vida romana. Disso decorre que os materiais que o historiador do direito encontra nessas fontes sejam de natureza *dedutiva* e não descritiva e que, mesmo quando datam da época de Labeão ou de Paulo, tenham uma tendência tão dogmática como se tivessem sido tirados de um dos nossos cursos atuais das Institutas. Esses materiais passam em seguida pelo crisol, também de natureza puramente dogmática, da *teoria* do direito, ao qual a vida, com suas relações de fato, com seus usos e costumes, não tem acesso precisamente porque essas forças e relações não são ideias jurídicas. É por isso que, em vez da história do direito, não temos no fundo outra coisa além de

---

22 Confirmou minhas ideias, com um experimento prático, o curto esboço da história do direito romano feito por Gibbon no seu capítulo 44, embora eu não tenha me dado conta imediatamente por que esse trabalho exercia sobre mim uma atração infinitamente superior à que outros muito mais extensos e publicados até então pelos jurisconsultos tinham produzido sobre meu espírito. Gibbon foi o primeiro que ofereceu aos meus olhos um todo, deveras muito conciso, mas concordante e cheio de vida, ao passo que não encontrei nos demais autores nada além de pedaços e fragmentos de regras, leis, etc.

manuais de *Institutas ou de Pandectas dos diversos períodos da história romana*. São exposições de regras que um juiz daqueles tempos poderia ter empregado com sucesso do seu ponto de vista prático, mas que não servem de ajuda ao jurisconsulto de hoje para fazê-lo compreender a vida jurídica daquele passado. Para esse juiz, que já teria o conhecimento da vida de outrora, o aparato dogmático que lhe apresentássemos seria inteligível, ao passo que o jurisconsulto moderno, por sua vez, não encontra tudo que desejaria encontrar, isto é, a imagem da vida prática do direito do passado; tem apenas diante de si a reprodução desnuda das teorias.

No parágrafo anterior exigimos que os estudos sobre a história do direito romano não se limitassem exclusivamente a formular a teoria romana, e agora neste parágrafo chegamos ao mesmo resultado. A elaboração dogmática do direito de uma época qualquer, feita por um contemporâneo, não pode ser tomada como modelo por alguém que, numa época posterior, trata de realizar a exposição histórica desse direito, pois seu predecessor omitiu muitas coisas que não *conseguiria* ter dito, mas que, para os *seus* leitores, eram supérfluas. O historiador deve preencher esse vazio por meio de outras origens. O que o contemporâneo não pôde dizer, o historiador moderno, que tem diante dos seus olhos todo o desenvolvimento histórico e que o passa em revista com uma só olhada, deve fornecer. O primeiro desses trabalhos, tendentes a completar a história do direito, tem por objeto ligar novamente a teoria à vida, e o segundo, completá-la de dentro para fora e espiritualizá-la.

Capítulo Segundo

Condições Contidas na Noção de História

Distinção dos fatos não essenciais. – Conexões internas dos fatos e do tempo. – Cronologia interna ou determinação absoluta e relativa do tempo segundo os critérios internos.

5.   No direito, como em todas as coisas, o fluxo do tempo produz modificações, mas essa circunstância não autoriza por si só a constituir uma história do direito. Se esta não fosse mais que um jogo variado de fatos exteriores, ou uma série de mudanças, a chuva e o vento teriam lugar nela, e a história poderia limitar-se a reproduzir em ordem cronológica as leis e os costumes.

Basta o bom-senso para compreender que nem tudo o que acontece pertence à história. Por conseguinte, não importa tanto saber se tal coisa aconteceu, mas averiguar por que ela aconteceu. Desde os primeiros passos da ciência histórica, já se manifesta a separação entre os acontecimentos *essenciais* e *não essenciais*, *históricos* e *não históricos*. Assim como o indivíduo realiza todos os dias e a todo momento atos que nenhum biógrafo procuraria narrar, acontece o mesmo na vida das gerações com suas fainas cotidianas, que o analista mais minucioso desdenha porque não constituem fatos históricos.

Não obstante, embora a separação entre os fatos dignos de referência e os que não se deve citar seja lei absoluta para os historiadores de todos os tempos, a medida dessa diferença é apenas relativa e varia conforme o modo de considerá-la e o fim que se persegue. Aquilo que parece digno de menção para o noticiário contemporâneo será talvez desprezado como um fato insignificante pelo historiador da geração seguinte, que, ao contrário, enfatizará e verá como essencial um fato ao qual o primeiro não havia conferido importância alguma. É assim que cada época começa novamente a selecionar os materiais que lhe foram entregues.

Ocorre o mesmo com o direito? Tudo que nele acontece é domínio da história? Não há também leis de tal insignificância histórica para a história do direito como a que têm para o biógrafo as ocupações cotidianas de um indivíduo? Haverá algum dia um historiador que preste à nossa época o pesado tributo de enumerar todas as suas leis sobre o selo, os prazos e a prescrição? Essas leis podem ter e têm certamente grande importância para o presente, do mesmo modo que o beber, o comer, o dormir, etc. para o indivíduo. Mas que interesse apresentam para o historiador? A arbitrariedade que se poderia descobrir no fato de que o historiador elege o que lhe parece importante não é, todavia, outra coisa senão a prudente distinção que toda pessoa deve observar até para relatar o acontecimento mais insignificante. Distinguir o essencial é uma qualidade indispensável para todo bom narrador. Aquele que, por um falso espírito de exatidão, quer expor tudo o que encontra nos atos trabalharia muito melhor copiando-os que descrevendo-os, e o historiador do direito que não se determina a guardar para si algumas das notícias históricas que encontrou não merece o nome de historiador, mas de copista[23].

Mas continuemos o exame da missão da arte histórica. Os fatos isolados, por mais importantes que sejam, nunca constituem a história. O essencial nela é a correlação dos fatos, a unidade do desenvolvimento. Vimos que o critério da história, ou a faculdade de distinguir os fatos históricos dos não históricos, aparece no seu germe frágil e nascente desde os primeiros passos da ciência histórica. O mesmo ocorre com o *senso de conexão histórica*. De fato, a necessidade desse senso impõe-se quase tão imperiosamente à atenção como o que dissemos antes, que tudo o que acontece não pertence à história. Além disso, em seguida se percebe que certos acontecimentos dignos de menção, ainda que separados por intervalos extensos, não deixam de ter uma congruência mais ou menos íntima, e que outros, ao contrário, que ocorrem simultaneamente carecem de relação entre si, ou, em outras palavras, *que o parentesco interno e a conexão de fatos é um elemento muito mais essencial que a conjunção externa*

---

23 Os eruditos sabem que a história do direito romano, tal como a entendem muitos trabalhos modernos, é como um armazém no qual os objetos de maior preço se conservam com o mesmo cuidado que aqueles que não têm quase nenhum valor. O motivo que impele a maioria dos historiadores a não observar essa lei, a primeira e mais natural da arte histórica, parece consistir em que não trabalham com inteira liberdade científica e querem escrever a história do direito não pela história em si, mas com outra finalidade. A história do direito deve dar a chave da doutrina: eis aqui a influência maléfica que paira sobre ela. Ao lado do interesse histórico, que é o único que se destaca nesse terreno, faz-se intervir o interesse prático e dogmático, que lhe é completamente estranho, e a própria história sucumbe sob o choque desses dois interesses. Do ponto que o historiador deveria omitir, por ser completamente insignificante, apodera-se o homem teórico como meio auxiliar exegético e como é, apesar de tudo, um dado histórico, transporta-o à história do direito. Se o direito romano não estivesse em vigor na Alemanha, nossas histórias do direito poderiam servir unicamente para o interesse histórico e teriam mais valor do que hoje, em que muitos autores só as consideram, no fundo, como arsenais históricos das Pandectas. O interesse prático de uma parte ou de um período qualquer da história turva a investigação serena do ponto de vista histórico; aquilo que não tem interesse prático convém melhor aos trabalhos de história.

produzida pelos laços do tempo. Em suma: todo trabalho histórico tem por objeto, mais ou menos conscientemente, descobrir a dependência real dos fatos. Desde a primeira tentativa informe feita para restabelecer essa conexão, na forma de um vínculo de causa extrínseca, até o temerário orgulho de querer dar forma dialética ao movimento da história, a distância é grande. Mas todos aqueles que a percorrem têm pelo menos a ideia comum de que a história não consiste unicamente numa sucessão de acontecimentos isolados e que, embora na realidade não estejam amalgamados pelo tempo entre acontecimentos distintos, pode haver uma conexão íntima, conexão que, mesmo sem oferecer a continuidade de uma cadeia, forma a unidade e a harmonia de uma obra de arte perfeita. As ideias que se desenvolvem na história, e nas quais a série dos acontecimentos encontra sua unidade, agrupam-se, por sua vez, num todo harmônico que não é o *perpetuum mobile* automático da dialética, mas o resultado de um ato livre de Deus e da humanidade.

Pois bem: o direito tem também uma história ou não passa de um jogo arbitrário abandonado por Deus, um fluxo e refluxo de mudanças? Poderia surgir essa dúvida quando se lança os olhos sobre determinado período da história no qual o direito parece estar entregue à mercê dos caprichos de um único indivíduo e muda como o vento e o calor da atmosfera. É o que se poderia suspeitar percorrendo as épocas de catástrofes políticas, nas quais o direito serve às paixões dos grupos políticos como arma de guerra nas mãos do vencedor e varia segundo os partidos. No entanto, apesar de toda a arbitrariedade dos homens, o direito tem a sua história e a mão de Deus o governa, embora não seja tão visível como na natureza. Aprendemos a reconhecer Deus na flor e na árvore; mostram-nos as estrelas para achar na sua inumerável multiplicidade e nas leis do seu movimento o mais sublime exemplo da onipotência de Deus; porém, à medida que o espírito se eleva acima do mundo físico, *o curso das ideias morais no tempo é ainda mais maravilhoso que o movimento dos corpos celestes no espaço.* Aquelas não caminham, como estes, sem encontrar obstáculos, mas chocam-se a cada passo contra a resistência que lhes opõem a obstinação e a ignorância dos homens e todas as más paixões do coração humano. Se, apesar de tudo, as ideias realizam-se em meio ao conflito de tantas forças contrárias, se o sistema planetário do mundo moral se move com a mesma ordem e harmonia que o sistema planetário celeste, é porque existe nele uma manifestação da Providência Divina muito mais deslumbrante que em toda a natureza externa. Falou-se da poesia do direito, entendendo-se com essa palavra a expressão do lado sensível e sentimental da nossa ciência, tal como se revela de distintas formas, mas ela não passa de uma manifestação de uma ordem inferior, que representa nela um papel insignificante. A verdadeira poesia do direito reside no caráter sublime do problema que ele se propõe e no seu movimento, comparável na sua majestade e ordenação ao curso das estrelas. O direito romano, mais que qualquer outro, pode mostrar-nos essa poesia de ordem e regularidade. Sua história, a meu ver, é uma obra-prima que jamais foi superada e na qual a simplicidade e a unidade maior se unem à atividade mais enérgica.

A maior parte dos tratados que contêm a exposição da história do direito romano parecem contradizer formalmente essa opinião. Em vez de demonstrar a unidade histórica do conjunto das instituições, não expõem aos nossos olhos nada mais que uma série de mudanças sem relação entre si. Repartem a matéria em história interna e história externa, e esta última dividem-na em períodos (método sincrônico), enquanto para a outra abandonam essa divisão (método cronológico), negativa *a priori* da unidade e do conjunto no movimento da história do direito. Tratam de justificar esse procedimento alegando que as diversas instituições não se desenvolveram identicamente e que não podem ser incluídas, portanto, em períodos iguais, ou, o que dá na mesma, que as instituições jurídicas têm sua história, mas o direito, como conjunto, não[24]. Decerto, Hugo, na sua célebre história do direito, reúne a interna e a externa, trata de ambas nos mesmos períodos; mas a união que ele descobre entre elas e os períodos que estabelece é arbitrária. Foi justamente ele quem levou o sistema de fracionamento ao limite extremo[25].

Mas será correto dizer que as diversas instituições não se desenvolvem de maneira homogênea? Será possível que uma esteja a serviço de uma ideia e outra a serviço de outra? Ou, então, se no fundo de todas as instituições se encontrassem as mesmas ideias, poder-se-ia admitir que elas acontecem para tal instituição numa ordem e para outra em outra ordem diametralmente oposta? Se assim fosse, não se poderia tratar da história do direito, porque

---

[24] Não tenho por que examinar aqui se esse procedimento pode ou não se justificar por razões metodológicas do ponto de vista do ensino acadêmico. Porém, a literatura jurídica não está exclusivamente a serviço desse ensino.

[25] Os períodos de Hugo não são outra coisa senão estações nas quais as instituições diversas vêm juntar-se e das quais, quando todas acabaram de reunir-se, voltam a separar-se para seguir novamente, cada qual do seu lado, seu desenvolvimento independente. Nenhuma se preocupa com as outras e têm apenas um único ponto de união comum, o de encontrarem-se na mesma estação. Alguma delas, certamente, desejaria encontrar antes o ponto de parada; outras, cuja marcha só fez começar, prefeririam ir mais além da estação; mas não, umas e outras devem chegar ao ponto que Hugo lhes designou. Esse autor enaltece suas estações pela utilidade que oferecem e, de fato, elas têm a das paradas postais, porque estão a distâncias iguais. Além disso, ele trata de seduzir com a observação de que: "é unicamente para facilidade do leitor (e um pouco também para enfatizar certos acontecimentos) que se fazem as subdivisões, qualquer que seja seu número e natureza". Aparentemente, ele funda-se também na ideia de que as forças da pobre natureza humana são insuficientes para permitir que caminhe ao lado da história, que continua sem fadiga sua carreira ininterrupta. Porém, segundo essa ideia, dependeria somente dos esforços do leitor considerar Cícero ou Augusto, Alexandre Severo ou Constantino, e tampouco se poderia interrogá-lo acerca de suas predileções por um ou outro desses legisladores. Comparado o método de Hugo e seu sistema de divisão com o método dominante, que deixa cada instituição cumprir sua evolução isolada e completa, mas pelo menos sem interrupção, este merece evidentemente a preferência, pois, se não dá a história do direito, dá pelo menos um panorama das suas diversas instituições.

onde cada parte se move de maneira independente não há nem conjunto nem unidade.

Para que se possa falar de uma história do direito, é absolutamente necessária uma certa proporção e simultaneidade no jogo das diversas instituições. Como realmente essas condições existem, o que importa é não se deixar enganar por falsas aparências. Se não se conseguir descobri-las, será somente porque foram tratadas de modo demasiado mecânico e se perdeu de vista a igualdade interna das forças motoras para levar em conta apenas a igualdade externa das formas nas quais se reproduzem, que é o que determina a simultaneidade, segundo critérios demasiado pobres para o direito.

Examinemos esses dois pontos separadamente.

⫯⫯⫯

I

Homogeneidade do movimento histórico

Ninguém negará que um organismo pode estar enfermo ou ser objeto de uma transformação total, ainda que nenhum sintoma o revele em alguma das partes menos essenciais. Desse modo, quando falamos de uma renovação total, e igualmente do organismo do direito, nenhum homem discreto exigirá que a demonstremos em cada um dos átomos desse organismo. As ideias fundamentais que trouxeram essa renovação podem não se manifestar em certas partes do direito porque não exercem reação sobre elas.

A observação de que os mesmos fenômenos não se reproduzem em cada ponto isolado não apresenta perigo algum para a história do direito romano. A única coisa que isso poderia provocar seria fazer passar despercebida a homogeneidade na metamorfose das diversas instituições, porque essa homogeneidade não é sensível, nem salta aos olhos, apenas num pequeno número de casos. Reproduzo a observação feita anteriormente de que a igualdade na expressão é um sinal de fraqueza e que a força se manifesta na diversidade de formas de expressão. No direito também o inverno reveste uma cor apenas, enquanto a variedade de matizes caracteriza as outras estações.

Essa diversidade nas formas de expressão oferece com frequência um inconveniente para o reconhecimento da homogeneidade interna. O Proteu da história surge ora aqui, ora ali, do centro das agitadas ondas dos acontecimentos históricos, e revestido de formas novas trata de enganar-nos com seus disfarces. Para superar esse inconveniente é preciso rechaçar a aparência enganadora dos fenômenos, julgando-os não pelas ideias que flutuam na sua superfície, mas pelas que constituem seu fundo e sua essência[26], atividade que requer certa amplitude de abstração. É preciso remontar das ideias mais próximas, sempre alteradas pela individualidade das instituições, e por isso mesmo diversas em aparência, até o centro comum abstrato em que todas vão confundir-se. Para citar um exemplo da matéria que exporemos mais adiante, tomemos a introdução do procedimento formulário, os privilégios dos soldados, das mulheres, a condenação por *id quod interest* em vez do valor objetivo da coisa, a ausência, a *actio injuriarum aestimatoria*, etc., que são exteriormente coisas muito diversas, mas que encontram seu ponto de contato no espírito de individualização inerente ao novo direito romano. Ademais, a interpretação gramatical da antiga jurisprudência romana não tem, aparentemente, nada de comum com a preponderância das coisas e da força material no antigo direito, mas mesmo assim ambas podem concorrer para uma mesma ideia: a da predileção do direito romano pelo elemento externo (II, § 47, 48).

---

26 Varrão, de L. L. IX, 92, faz uma indicação análoga: *Similia non solum a facie dici, sed etiam ab aliqua conjuncta vi ac potestate, quae et oculis et auribus latere soleant.*

·⫸·

II

SIMULTANEIDADE DO MOVIMENTO HISTÓRICO

O limite de tempo, por meio do qual se calculam as situações duráveis ou os acontecimentos passageiros, é notoriamente muito relativo. Sua medida depende da maior ou menor duração do tempo que o objeto medido ocupa. Um minuto apenas é um espaço muito longo; às vezes um século é um espaço muito curto. Na história política contamos em anos e aplicamos essa duração à história do direito sem perguntar se ela pode ou não adaptar-se a esta última. Veremos mais adiante que não, e faremos constar que a história do direito exige uma medida infinitamente mais extensa que a história política. Já indicamos esse erro no que tange à simultaneidade do movimento das diversas instituições.

Se calcularmos em anos, a simultaneidade não existirá quase nunca, não somente por causa da lentidão do desenvolvimento do direito em geral, mas devido à diferença de elasticidade e movimento das diversas instituições. Umas distinguem-se pela sua tenacidade e peso, outras pela sua mobilidade e flexibilidade. A fase do desenvolvimento, que para estas últimas se cumpre facilmente e sem trabalho em um século, prolonga-se para as primeiras na gestação laboriosa de muitos séculos.

Assim, por exemplo, o direito público e o privado, o processo civil e o penal, as diversas instituições do direito privado nunca caminham paralelamente. O direito de família e o direito das sucessões são mais lentos e menos flexíveis que o direito das coisas e este, por sua vez, mostra maior tenacidade quanto às coisas imóveis que às especialmente móveis. Quanto a estas últimas, sua mobilidade extrema faz-se notar particularmente nas relações jurídicas de índole comercial[27].

Se todas as instituições começassem com igual força e ao mesmo tempo, seu curso ulterior determinaria sua impressionabilidade diversa. Mais ainda: segundo essa diversidade, ela poderia estar inteiramente acabada para umas, ao passo que, nas outras, ainda continuaria desenvolvendo-se. Em todo o longo período que transcorre desde a Lei das Doze Tábuas até Justiniano, não é um ano, nem o espaço de 50 ou 100 anos que pode servir de medida normal para calcular o progresso de todas as instituições. A medida, exata em certos casos, em outros seria curta ou excessiva.

Disso não se deduz que a simultaneidade não existe, mas que é necessário adotar uma medida mais ampla. Examinando a identidade do movimento das diversas instituições, admitimos que elas possuem grande elasticidade quanto à *forma* na qual aparecem. Acontece o mesmo com relação ao tempo em que se apresentam. Para um como para outro, trata-se unicamente de encontrar a medida certa. A necessidade de uma computação mais livre do tempo na história do direito abarca outro gênero de ideias, que estabeleceremos no curso desta obra. Contentemo-nos, por enquanto, com a conclusão de que, escolhendo o ponto de vista com exatidão, pode-se determinar com precisão essa conformidade do desenvolvimento das diversas instituições que nos indicam os historiadores do direito.

É certo que essa conformidade de movimento das diversas partes é necessária para que possa servir de motivo à história do conjunto, mas não é a mesma coisa. O movimento no conjunto das diversas instituições poderia ser um jogo sem plano nem regra, de mudanças conformes, e neste caso uma história do direito não teria cabimento. Portanto, não basta demonstrar que

---

27 Veja-se uma prova tirada da história do direito russo na *Zeitschrift fur Rechtswissenschaft u. Gesetzgebung des Auslandes*, XII, p. 74.

as diversas instituições percorrem ao mesmo tempo as mesmas fases de desenvolvimento. É preciso estabelecer também que a sucessão dessas fases concorda intimamente e que a história do direito deixa uma impressão de unidade, tanto num momento determinado do tempo como para todo o curso sucessivo, ou, em outras palavras, que existe unidade no conjunto e na sucessão.

Podemos admitir *a priori* essa unidade sucessiva para a história do direito. Se a individualidade de um povo não muda de um dia para o outro, tampouco sua vida ou comércio desenvolvem-se por saltos; o mesmo deve ocorrer com a mobilidade do direito. Se há unidade de desenvolvimento naquele, é preciso também que ela exista neste último. Mas é tão fácil afirmar *a priori* essa unidade como é difícil constatá-la num direito determinado. Não é possível indicar um método, mas posso pelo menos indiretamente superar um obstáculo que já deu origem a consequências desagradáveis. Refiro-me à influência exagerada que se costuma conceder ao elemento do tempo. Acrescentarei também ao que expus acima que a correlação íntima dos fatos é mais essencial que sua ligação externa no tempo. Essa premissa é de importância capital para a história do direito, na qual o elemento do tempo representa um papel muito menos importante que na história política.

Desenvolveremos no que segue a *importância do elemento do tempo para a história do direito* e as consequências que derivam dele.

O tempo tem sua importância no direito porque, nesse caminho, a história avança com lentidão extraordinária e leva anos, às vezes séculos, para conseguir um pequeno resultado. Muitas leis podem ser promulgadas num curto espaço de tempo, mas cada uma delas não é, na minha opinião, um acontecimento *histórico*, porque podem amontoar-se como nuvens num céu encoberto; se passarem rapidamente como elas, sem deixar rastros, não as incluo entre as produções de que estou falando; considero-as como nuvens para o trabalho da história. A fecundidade da história do direito tem por objeto o desenvolvimento do organismo jurídico e não se desenvolve com o que *consome*, mas com o que *digere*. Esse trabalho é de longa duração, e em dez séculos talvez não produza tanto quanto a história da política, da arte e da literatura em um só. O direito encontra raramente circunstâncias nas quais, sob a influência de impulsos súbitos e violentos, empreende uma marcha rápida e, permitam-me a expressão, lança vulcanicamente para fora do seu seio novos materiais já formados. Essas erupções, que brotam espontaneamente, são sempre precedidas de um longo silêncio de preparação. Suas camadas formam-se e depositam-se, via de regra, com a precipitação lenta e insensível dos átomos, de modo que uma única formação nova pode exigir muitos séculos de trabalho[28]. A razão dessa calma extraordinária do direito é fácil de descobrir. É a mesma que faz com que o caráter do homem se desenvolva de forma mais lenta e penosa que sua educação intelectual. Quando o caráter de um indivíduo (e o direito não é outra coisa senão o caráter do indivíduo povo) muda continuamente e sua atividade intelectual encontra-se em movimento e trabalho incessantes, nem um nem outra têm grande valor. Certa fixidez e tenacidade são, tanto para o homem quanto para o direito, sinal de saúde e força. Se cada geração quisesse rechaçar longe de si, como uma doença crônica, as leis que herdou, para substituí-las pelo direito nascido com ela, a força moral do direito sobre as almas declinaria rapidamente e, envolta nesse turbilhão eterno, cairia no abismo. Quanto mais fácil, rápida e copiosa a produção do direito num Estado e mais débil sua força

---

28 A linguagem tem, nessa relação, a maior analogia com o direito. A diversidade do caráter nacional é igualmente causa de grande divergência na flexibilidade da língua. Citarei como exemplos "a tendência maior do dialeto dórico às formas antigas e as múltiplas transformações dos dialetos da raça jônica".

moral[29], mais minguada é essa produção; e quanto mais pródigo o intervalo entre a concepção e o nascimento e mais longas e penosas as dores do parto, mais sólido e robusto é o fruto que nasce. Assim, o direito só pode prosperar num povo de vontade poderosa. Somente em semelhante povo as forças conservadoras e progressivas alcançam o grau de perfeição necessário para que o direito avance de forma lenta e segura; são prova disso a antiga Roma e a Inglaterra. Infelizmente, há muitos exemplos do caso contrário, fecundidades efêmeras que não deixam mais que esterilidade para trás. O peso e a lentidão do direito que acabamos de definir podem resumir-se nesta proposição: o direito exige para suas produções longos períodos de tempo. Oporemos aqui outra particularidade da relação do tempo com a história do direito: a falta de precisão e a incerteza das datas. Essa particularidade não está numa relação necessária com a duração dos períodos de tempo. Podem encontrar-se reunidas a duração do tempo e a precisão das datas, assim como a brevidade deste e a falta de precisão daquelas.

O dia e a hora da promulgação de uma lei são fáceis de determinar, e, se a história do direito não fosse outra coisa além de uma história das leis, poder-se-ia ter, para a maior parte das épocas, uma exatidão cronológica externa das mais acabadas. Porém, se é sempre importante na prática saber desde qual momento uma lei está em vigor, é inútil do ponto de vista histórico. A data da lei é o único ponto de apoio externo que nos pode ser útil, mas não exageremos seu preço. Nada mais errôneo que crer que a origem dos princípios depositados na lei correspondem a essa data. Pode haver entre ambos uma grande distância, e recordarei aqui o que se disse sobre a origem das fórmulas das regras de direito. Um princípio jurídico pode ter vigorado durante muito tempo

---

29 Recordemos a esse respeito as palavras célebres de Tácito: *Perditissima republica plurimae leges*. Entre os indivíduos, o excesso de boas intenções também denota a fraqueza de caráter.

antes de ter sido sancionado por lei, sendo mero acaso que tenha sido expresso mais cedo ou mais tarde. Seria um erro, por conseguinte, datar a origem desse princípio do dia da aparição da lei.

Com frequência, falta esse ponto de apoio externo da promulgação da lei e ignoramos também, para mais de uma lei importante na história do direito romano, em qual século ela foi sancionada. Quantas coisas se erguem sobre o terreno do direito às quais as leis não fazem menção alguma! Não se pode atribuir data ao que foi dado à luz na forma de direito consuetudinário, seja pela potência criadora da vida, seja pela prática dos tribunais, nem àquilo que a ciência acolhe pouco a pouco. Poder-se-ia por acaso indicar a data da primeira aparição desses princípios nas nossas fontes jurídicas? Poder-se-ia contar como primeiro ano de seu reinado aquele que a literatura que foi conservada menciona, e que é talvez o quinquagésimo ou centésimo da sua existência? Tomou-se nota cuidadosamente das ações mais brilhantes, dos indivíduos mais ilustres, das batalhas e dos acontecimentos mais notáveis, assim como das leis importantes, porque tudo isso é visível exteriormente e encontra seu lugar, em termos de tempo, num ano determinado. Nenhum analista que trate de tal ano omitirá tais acontecimentos. Ao contrário, o direito que a vida forma, lenta e insensivelmente, oculta-se facilmente ao exame e raras vezes alcança, numa época determinada, uma realização bastante clara para poder ser relatado como acontecimento seguro. A regra de direito assim engendrada, precisamente porque seu nascimento não foi ruidoso e não se situa num ano fixo e exato, caminha surdamente e passa despercebida durante muitos anos, até que o acaso molda-a na sua primeira forma escrita, que outro acaso, por sua vez, pode também voltar a ocultar à posteridade. Examinando o organismo do direito (parágrafo 3), reconhecemos três partes: as regras, as definições e a organização psíquica. A precisão cronológica está em razão inversa da graduação das partes do particular para o geral. Uma regra de direito pede menos tempo para formar-se que uma definição, e uma definição necessita menos que uma revolução para a conquista do direito. A verdade desse princípio é evidente no que tange aos períodos da história, nos quais ao legislador cabe, antes de mais nada, formular as regras de direito, e pode-se enunciar isso da seguinte maneira: o legislador trabalha mais rapidamente que a doutrina, e esta antecipa o espírito do povo. Quanto mais lenta for a fase da formação, mais indeterminada se mostra a data na qual a evolução se termina.

Decorre suficientemente do que antecede que a cronologia da história do direito é insuficiente para as épocas atrasadas e pobres em origens, porque sabe indicar o ano e o dia de muitas leis totalmente insignificantes, mas mal pode indicar o século dos acontecimentos mais importantes, da evolução das ideias e da transformação que delas resulta para o direito. Logo, o cômputo das datas que essas origens fornecem apresenta necessariamente lacunas. E, como se acabou de dizer, essas datas, tomadas isoladamente, fornecem raras vezes o momento crítico dos acontecimentos históricos do direito. Por conseguinte, devo fazer pouco caso da utilidade de uma cronologia tão imperfeita. No entanto, veremos mais adiante ela adquirir grande valor indireto, quando mencionarmos algo sobre certos fatos que convém pôr no seu respectivo lugar.

Chegamos à conclusão de que o elemento do tempo tem menos significação para a história do direito que para a história política, pois o movimento do direito é mais interno e, portanto, mais lento e insensível, e logo seus *períodos* são longos e suas datas indeterminadas.

A mesma conclusão apresenta-se em outros termos quando dizemos: a história do direito deve calcular o tempo de modo mais amplo e elástico que qualquer outra. À medida que se estreitam os limites do tempo ou do espaço de um objeto, mais exato deve ser o conjunto do tempo ou do espaço e mais aproximado o ponto de observação. Ao contrário, quando as dimensões de tempo e espaço são muito extensas, mais dilatada será sua medida e o ponto do observador encontrar-se-á distante, para que a impressão do conjunto seja verdadeira e a coesão do objeto salte mais aos olhos. Um historiador do direito não poderá, portanto, tomar por base os períodos curtos e circunscritos de alguns anos, que conviriam à expressão da história política, porque dificilmente chegaria ao seu objeto final, que é descobrir a coesão real do desenvolvimento do direito. Mais vale decidir *a priori* que se observe esse desenvolvimento numa série de séculos e que se dê, se me é lícito dizê-lo assim, tempo ao tempo para que o problema seja inteligível para ele. Se a corrente desse desenvolvimento obriga-o a criar uma subdivisão, não fixará como limite um ano determinado para além do qual não poderia dirigir suas investigações. De fato, ainda que a história por si mesma indique que este ano é normal, ele teria incluído muitos fatos que pertencem, na verdade, ao período imediato e, ao contrário, teria excluído outros que deveriam estar compreendidos naquele. As subdivisões rigorosamente determinadas conforme o tempo separam, assim, os fatos homogêneos e confundem os fatos heterogêneos. Para conservar essa conexão íntima, o historiador do direito deverá impor limites aos seus períodos por séculos e não por anos, e talvez a boa ordem o obrigue a antepor um período a outro. De qualquer forma, é necessário que se dê aos períodos da história do direito uma certa elasticidade, conveniência que, no fundo, nasce da aplicação da regra fundamental que estabelecemos, segundo a qual o parentesco interno dos fatos é mais essencial que sua ligação externa no tempo. A história de qualquer direito prova que os precursores de um sistema novo se revelam quando o antigo ainda está em pleno vigor e enquanto outros adeptos se detêm às vezes num sistema esgotado, ao passo que uma teoria mais jovem leva tempo para atingir sua maturidade plena. Esses adversários, anteriores no tempo aos sistemas atrasados, só deveriam ser julgados do ponto de vista do novo sistema, assim como os últimos devem ser apreciados do ponto de vista que corresponde ao sistema antigo. A relação sistemática e não a relação cronológica é a que lhes atribui seu verdadeiro lugar.

◦‖◦

A discussão nos levou a um ponto em que apenas um passo bastará para apreciar a ocasião, frequente na história do direito, de um conflito entre o elemento do tempo e o da conexão real da evolução histórica (entre o elemento cronológico e o elemento sistemático). O primeiro desses elementos é secundário e acessório, o segundo essencial e determinante. O sistema deve prescindir do tempo, desenvolvendo-se livremente e por si mesmo, e levá-lo em conta somente quando tiver condições de ser um elemento sistemático. É possível que a importância exagerada que se dá ao elemento do tempo na história do direito contribua para fazer-me cair na exageração contrária. Porém, ainda que os extremos se toquem, não encontrei até agora nenhuma razão para duvidar da exatidão da opinião que vou esclarecer.

Os dois extremos opostos que se poderia encontrar seriam coordenar a história do direito exclusivamente segundo o elemento do tempo ou analisar a conexão interna dos fatos omitindo toda indicação de datas. O primeiro termo, método de exposição analítica, não suporia nem proporcionaria nenhum ponto de observação sobre o desenvolvimento do direito, nem sequer apresentaria o rudimento de sua história, sendo impossível, ao tomar esse centro de partida, chegar a conclusões sistemáticas.

Ocorre o contrário com o outro extremo. Suponhamos que se consiga compreender exatamente e expor com certeza a conexão real do desenvolvimento do direito (voltaremos a tratar mais adiante deste ponto). A missão essencial do historiador estaria terminada. O que faltasse na sua obra poderia ser facilmente suprido depois, porque se trataria apenas das datas, parte acidental[30] e externa do tempo. Esse método não se choca tanto com o elemento cronológico quanto o outro se opõe ao elemento sistemático. Implicitamente, e sem vontade do seu autor, o sistema compreenderá a parte essencial do tempo, já que a descrição do desenvolvimento real do direito (que chamo aqui de sistema) procederia paralelamente ao próprio tempo. A marcha do sistema contém necessariamente a marcha do tempo, embora o contrário não seja verdade, porque o tempo não é a *vis movens*, mas apenas o quadro no qual se agrupam as evoluções do sistema. A modificação de um único objeto pressupõe necessariamente uma modificação do tempo, e aquele que realmente compreendeu de forma sistemática a relação das transformações do objeto saberá colocá-los no fundo, na mesma ordem em que esta transformação ocorre com relação ao tempo.

O geólogo que traça a história da formação da superfície terrestre não tem testemunhas exteriores do tempo, não vê escrito em parte alguma em qual ordem e em quais intervalos se produziram as mudanças da superfície da terra. Não obstante, não só ele consegue indicar essa ordem da maneira mais irrefragável, mas também, fazendo uso de uma medida mais ampla, determina o tempo que estas transformações necessitaram para ocorrer. A história que ele expõe está, de fato, incrustada no próprio objeto e no elemento do tempo concordante com a *coisa*.

Essa possibilidade de determinar o tempo segundo critérios externos, a possibilidade de uma cronologia *interna* oposta à cronologia *externa*, não se limita unicamente à história da natureza, mas existe também nos domínios do mundo moral.

---

30 Chamo-a de acidental no mesmo sentido que se chama de acidental a morte de tais ou quais pessoas num mesmo espaço de tempo; se bem que, segundo as observações estatísticas, pode-se dizer de antemão com segurança que tantos por cento da população deve morrer. Assim, igualmente, compreende-se e explica como um fato histórico se coloca em tal século sem que seja possível atribuir-lhe tal dia ou ano de data.

Tomemos como exemplo a história de uma literatura e de uma língua. Se, em um milhar de anos, fossem apresentadas a um historiador da literatura ou a um linguista as obras principais da literatura alemã desde sua origem até nossos dias, todas misturadas e sem data, não conseguiria ele determinar sua sucessão temporal segundo critérios sistemáticos e escrever uma história da língua e da literatura alemã na qual só faltariam as datas? É claro que sim, e bastaria fornecer para cada período alguns marcos cronológicos externos para dar-lhe condições de suprir por si mesmo todas as datas omitidas. O mesmo acontece exatamente com o direito.

O que um desenvolvimento ganha em extensão à medida que é mais impessoal, natural e interno, ele perde com a dificuldade que oferece tanto na sua origem como na sua conclusão de circunscrever-se a um momento determinado. Então, pela regra geral, é insuficiente a cronologia externa e, ao contrário, é muito fácil completá-lo pela cronologia interna.

Esse método não apresentará obstáculos na sua aplicação caso se proceda de uma maneira que não seja absoluta, ou seja, querendo sondar o tempo no qual se dão os diversos acontecimentos da história do direito. Basta que o investigador se contente em descobrir relativamente a sucessão destes. Os três sistemas jurídicos que caracterizaremos mais adiante têm sua idade e correlação escritas com tal exatidão que nenhum homem sensato virá exigir, como prova, um testemunho externo. O mesmo acontecerá com aquele que souber ler bem as fases sucessivas do desenvolvimento das diversas instituições. Comparem-se, por exemplo, as distintas espécies de matrimônio: quem não vê de imediato que o matrimônio com *manus* é mais primitivo que aquele sem *manus* e que, das formas que cercam o primeiro, a *confarreatio* é mais antiga que a *coemptio*? Tomem-se em seguida a confecção do testamento nos comícios, *per aes et libram* e pelo direito pretoriano; a adição de uma herança por *cretio* e *pro herede gestio*; as formas obrigatórias do *nexum*, da estipulação, a obrigação pelo simples consentimento; a reivindicação na forma de *legis actio sacramento*, de *sponsio*, de *arbitraria actio*; o exercício da jurisdição penal pelo comícios, as *quaestiones perpetuae*, os magistrados; as penas do *sacer esse*, do desterro, da condenação *ad bestias*, *metalla*, etc.; o procedimento das *legis actiones*, o formulário, o *extra ordinem*, a execução pessoal, a *bonorum venditio*, o *pignus ex causa judicati captum*; o legado, o fideicomisso, o estabelecimento das servidões, a manumissão solene e não solene, etc., etc. Quem, em todos esses casos, exigirá que se indique de imediato a sucessão das diversas formas? O direito, como tudo que nasce e morre, possui em todas as fases do seu desenvolvimento um tipo determinado. Assim como um jovem não pode ter o rosto de um ancião, nem um homem o de um menino, do mesmo modo as ideias jurídicas que devem pertencer a uma época (*v.g.* o predomínio da religião na infância do direito) não poderão desmentir sua dependência de um direito qualquer. A pena imposta como meio religioso de expiação, como vingança privada ou como exercício do direito de castigar reconhecido ao Estado assinala três fases diferentes de civilização, cujo modo de suceder sempre é necessário. Podem estabelecer-se certas regras gerais sobre a prioridade das diversas formações jurídicas: por exemplo, o meio jurídico ou a instituição relativamente mais perfeita é mais recente que o menos perfeito; a via direta foi encontrada depois da indireta (cumprimento indireto de um ato jurídico por meio de atos aparentes, ficções, etc.); a ideia material externa antecede a ideia interna espiritual, a interpretação gramatical antecede a interpretação lógica, etc. À jurisprudência comparada do porvir cabe estabelecer, em vez dessas abstrações isoladas, uma teoria conexa das diversas idades do direito, problemas da fisiologia do direito muito dignos de estudo. Raras vezes nos veremos obrigados a entrar nesse trabalho ou a recorrer a regras gerais desse gênero, pois os pontos cronologicamente certos do direito romano fornecerão quase sempre dados para descobrir os cronologicamente incertos.

Para poder determinar a época à qual pertence uma concepção jurídica que chegou até nós sem indicação de tempo, é preciso conhecer o caráter dos diversos períodos e as particularidades que apresentam para o nascimento e formação das ideias jurídicas. É aqui que a cronologia externa pode nos prestar os maiores serviços, cujo valor podemos duplicar preenchendo as lacunas que ela contém e dando a verdadeira importância interna ao elemento do tempo, que se nos mostra de maneira incompleta e puramente externa. Existe um único meio para chegar a esse duplo fim, que, como dissemos antes, consiste em estudar a disposição das diversas camadas ou sistemas da formação do direito. Pode-se muito bem, por outro lado, mesmo descuidando desse estudo, atribuir seu verdadeiro lugar a certos e determinados acontecimentos históricos cuja data não foi averiguada, consultando somente sua semelhança ou parentesco com outros acontecimentos já cronologicamente determinados. Mas sempre reinará em semelhante trabalho uma certa incoerência, que só poderá desaparecer tomando-se por guia constante a apreciação genuína do caráter das diversas épocas. Não exigimos outra coisa senão que essas apreciações sejam expressas, justificadas, explicadas e reunidas num todo. A partir do momento em que se classifica um fato histórico numa época determinada porque ele possui uma tendência parecida com a de outros fatos da mesma época e repousa sobre a mesma ideia, já estamos nos servindo do meio que queremos aplicar. Mas esse procedimento não levará a um resultado completo se nos contentarmos com aplicá-lo aqui ou acolá, à medida que as necessidades de algum problema histórico-jurídico o exijam e segundo as apreciações preconcebidas e não comprovadas. Não, é preciso que os sistemas da formação do direito, em todo o seu conjunto, sirvam de base fundamental.

A simples visão desse conjunto permite distinguir a analogia íntima das partes separadas e exteriormente muito diferentes. Assim se obtém a medida certa da sua idade. Se conseguirmos comprovar que a épocas diversas correspondem diferentes sistemas de formação do direito, teremos condições (pelo menos para a maior parte dos fenômenos da história do direito) de deduzir conclusões com a mesma segurança que o historiador da literatura e o etimólogo atribuem a essa ou aquela época a obra que examinam. Como eles, poderemos dizer: tal forma de instituição jurídica não entrava neste sistema, mas naquele outro; aquela novidade surgiu sob a influência das tendências de determinada época e só pôde prosperar em tal atmosfera. Infelizmente, não poderemos sempre expressar-nos com igual certeza, e deveremos amiúde confessar que certos acontecimentos da história do direito podem ser situados ao mesmo tempo em épocas distintas.

{ Título III }

Técnica do Direito Antigo

Capítulo Primeiro

Noção da Técnica em Geral

Seção Primeira

Apreciações contrárias que desta ideia formam o jurista e as pessoas em geral

Exatidão e necessidade dessa diferente apreciação. – Apologia da jurisprudência. – Suposto caráter natural desta ideia para o vulgo. – A razão natural humana sem a experiência. – Influência e valor desta última. – A jurisprudência é um precipitado da razão natural humana em matéria de direito.

Semina nobis scientiae natura dedit, scientiam non dedit.

Sêneca, ep. 120

42. Depois de termos nos esforçado, no título anterior, para reconhecer as tendências ideais do sentimento jurídico dos romanos, vamos expor agora com que arte especialíssima essas ideias foram levadas para o domínio da realidade pelo antigo direito de Roma, trabalho intimamente ligado com o que precede, que mostrará o direito por meio de um prisma completamente novo.

Já estudamos este último nas suas tendências *morais*. No que se segue vamos examiná-lo no seu aspecto puramente jurídico. Até aqui analisamos as ideias, as condições que encontram sua razão final, quer no destino moral do direito, quer no sentimento jurídico natural, tratando de noções acessíveis e familiares tanto para os homens em geral quanto para os juristas. Mas agora se apresenta a matéria do direito de um modo muito diferente, de modo que nos vemos transportados para outra esfera, na qual ao leigo tudo deve parecer desconhecido, disparatado e estranho, porque ele não tem compreensão da matéria de que se trata e julga-a pela multiplicidade de erros. E como não ignoro de modo algum o caráter aventuroso da empreitada e as grandes dificuldades que ela oferece, que no entanto não são invencíveis, não convido de forma alguma as pessoas em geral a seguirem-me nesse terreno da jurisprudência propriamente dita. Porém, quanto ao leitor versado na ciência jurídica, não creio que seja muito pedir-lhe que se coloque por um instante no nível das pessoas profanas.

O *método jurídico* constituirá o objeto principal de nosso estudo, matéria que, se nela o homem ignorante encontra-se inteiramente desorientado, deve ser mais familiar ao jurista que qualquer outra, porque é justamente a que faz dele um jurisconsulto. Não é temerário, todavia, afirmar que a maior parte deles carece completamente de uma percepção clara do método. Familiarizada com todas as outras leis, nossa ciência do direito quase tem que ignorar as que lhe são próprias.

Os juristas percebem de certa forma o método jurídico e avaliam-no acertadamente na prática e nas suas aplicações, mas para eles a noção é muito mais questão de sentimento e experiência que de conhecimento verdadeiro. Perguntem-lhes em que consiste a ciência do método jurídico, de que maneira distinta eles apreciam as relações do direito e em que estas diferem do sentido que dão a elas os outros homens. Perguntem-lhes os fins, os meios e os principais fundamentos do método, e sua resposta estará muito longe de ser satisfatória. Os próprios jurisconsultos romanos, esses virtuoses da aplicação prática do método, não fizeram, até onde sei, nem mesmo a mais tímida tentativa de traçar uma teoria. Não existe entre eles nenhuma explicação do objeto e da missão do método, nem traço ou palavra alguma sobre os princípios que nele predominam, o que é uma nova e perfeita prova da antiga verdade que diz que a prática mais rigorosa e o florescimento mais formoso de uma arte não dependem do conhecimento das suas leis, mas da sua essência.

Para preencher essa lacuna, quero, antes de abordar o exame do tecnicismo romano, examinar a *essência e as leis fundamentais da técnica jurídica em geral.* Mas é preciso não perder de vista que minhas explicações têm por objeto somente facilitar a compreensão do antigo direito romano e que, portanto, é inútil buscar nelas o que não devo tratar neste momento sem perder de vista o objeto do meu livro. Seria prematuro e fora de lugar entrar agora em digressões sobre a missão da jurisprudência, se não estiverem ligadas ao antigo direito romano. O desenvolvimento ulterior da jurisprudência fornecer-me-á numerosas oportunidades de completar o que faltar aqui, e terei motivo para dar ao leitor uma ideia dos refinados e sutis procedimentos de uma jurisprudência que chega à sua mais alta perfeição. O *ensino primário* da arte jurídica é a única coisa de que vamos tratar agora, ele que, como acredita a história, começa em todo lugar por elementos primários.

A teoria da técnica, tal como vou estabelecê-la, embora seja tirada do exame do direito romano, é uma verdade geral para todos os povos. Os fenômenos que estudamos no tomo precedente também tinham por base, apesar da sua forma nacional romana, ideias de uma verdade geral e fins cuja persecução deve ser objeto de toda legislação. De fato, não somente o objeto do direito faz do estudo de que vamos tratar um problema que é absolutamente necessário resolver, mas também a solução que Roma lhe deu deve ser considerada de uma exatidão tão perfeita que repousa na natureza mesma das coisas. E assim como se pode sustentar como verdade incontestável que os princípios do método matemático serão para todos os tempos invariavelmente e sempre os mesmos, o mesmo acontece com o método jurídico. O caminho percorrido pelo direito romano antigo é o único que guia a jurisprudência, caminho que não é romano nem grego, como não o foram para as verdades matemáticas os que seguiram Euclides e Arquimedes. Os rudimentos do método jurídico encontram-se em todos os direitos e antecedem o período da jurisprudência científica, de forma que a glória dos romanos é não terem se atido somente a esses rudimentos. *O método jurídico não é uma regra externa, arbitrariamente aplicada ao direito; é o meio único fornecido pelo mesmo direito em virtude de uma necessidade contida na sua própria essência de regular de maneira segura a marcha do direito no campo da prática.* A história não trata do método em si, mas interessa-se pelo talento e habilidade que os povos demonstram nessa matéria.

Fenômeno amplamente conhecido, e que se reproduz em toda parte, é o de que o direito, à medida que alcança maior grau de desenvolvimento, subtrai-se mais e mais ao conhecimento da multidão, chegando a ser objeto de estudo especial. Não me refiro de modo algum aos trabalhos dos sábios nem aos ensinamentos escolares; mas é digno notar-se que o conhecimento do direito, de início acessível com facilidade a todos os homens, exige, à medida que o progresso avança, um conjunto variado de aspectos e uma fixidez de espírito tão particulares como a que cada um adquire para a formação desse estudo, até que se estabeleça finalmente, do ponto de vista do conhecimento do direito, uma distinção entre a apreciação diferente que dele têm o jurista e os outros homens. Quando o jurista surge na história, o direito já passou o período da infância e da inocência. O jurista, arauto dessa evolução inevitável, não é quem a cria, mas é ela, ao contrário, quem o produz. A turba não recua empurrada pelo jurista, mas é este que entra em cena porque os outros homens o necessitam. Há quem veja um fato lamentável nessa evolução, deplorando sua consequência natural, isto é, a perda da consciência do direito para as pessoas em geral. Mas a história da ciência, tal como da legislação, testemunha da inutilidade das tentativas feitas para diminuir a distância que separa o leigo do jurista, ou pelo menos para tornar mais compreensível para aquele a ideia da jurisprudência. Esforços estéreis e luta vã contra a história! O fato que, em suma, se cuida de evitar é a realização no campo do direito de uma lei geral civilizadora: a da divisão do trabalho. Toda resistência a essa lei é impotente e insensata, tanto no direito como em toda parte.

O motivo que torna impossível para um homem qualquer o conhecimento e a prática de um direito aperfeiçoado não é a especialidade que se atribui ao grande número de *materiais*. A impossibilidade reside na própria natureza desses materiais e na dificuldade particular que daí resulta para assimilá-los e servir-se deles. O direito é algo mais que uma massa de leis (ver tomo I, p. 49 a 62). Qualquer homem, assim como o jurista, é apto para aprender textos legais, mas o sentido correto por si só não basta para compreender o direito e aplicá-lo. É preciso para isso uma qualidade dupla: o *poder* particular de *concepção*, que só se adquire com um grande número de anos, de esforços, de exercício e da educação específica do pensamento abstrato. Depois vem a *intenção jurídica*, ou seja, o talento operatório, com ajuda das noções do direito, a faculdade de transformar simultaneamente o abstrato e o concreto, o golpe de olhos e a visão clara dos princípios do direito nas espécies propostas (diagnóstico jurídico), em suma, a arte jurídica, qualidades todas que, reunidas, formam a *educação jurídica*.

É esta, e não, de modo algum, a massa de conhecimentos nem o grau do saber, que distingue o jurista dos demais homens e constitui o valor do primeiro. Pode-se, com um saber mediano, ser um jurista de destaque, como também, apesar dos conhecimentos mais extensos, ser um jurista mediano. O exemplo de certos sábios teóricos dá, infelizmente, uma prova frequente dessa cultura, e nenhum direito, por mais precioso que seja, como o são na verdade a filosofia ou a história do direito, pode substituir essa educação, assim como, qualquer que seja a estima que se tenha por semelhante ciência, não se pode dar-lhe o nome de jurídica[31].

Não resta dúvida que a educação jurídica é adquirida por meio do estudo de uma legislação positiva única, mas não está fatalmente unida a esta última, pois nesse caso o jurista teria medo de ver soçobrar com o direito existente os conhecimentos jurídicos que adquiriu. Naquele estudo ele não aprende somente um direito nacional, mas o direito em geral, e o mesmo ocorre com aquele que estuda cientificamente um idioma qualquer e adquire, ao mesmo tempo que as ideias da essência das leis próprias da língua que estuda, etc., as leis universais da linguagem. Além do seu saber puramente positivo e do conhecimento deste

---

31 Hegel, *Filosofia do Direito*, § 215: "A classe de juristas que possui um conhecimento especial das leis crê amiúde ter o monopólio delas e nega toda competência aos que não pertencem à sua profissão. Mas não é preciso ser sapateiro para saber se as botas foram bem feitas, nem é necessária a faculdade que se estudou para perceber coisas que são de interesse geral". Efetivamente, não se negará a ninguém que gasta sapatos o direito de manifestar se o calçado lhe assenta bem, mas não o direito de dar lições ao sapateiro de como deve fazê-lo. Eu, de certa forma, aprendi mais em Hegel, Stahl e Trendelenburg que numa série de livros puramente práticos. Todavia, no que tange à técnica do direito, aquele que se dedica à filosofia deve aprendê-la do jurisconsulto profissional, se não quiser incorrer em graves erros em pontos importantes, necessitando subordinar seu juízo ao do jurista, porque realmente só se pode adquirir os conhecimentos dessa matéria com a experiência e a prática.

ou daquele direito determinado, o jurista possui uma ciência mais elevada, mais geral, que não está sujeita à pátria em que vive, um tesouro científico que nenhuma alteração ou mudança de leis pode aumentar nem diminuir. A posse dessa ciência é a verdadeira flor desta e o fruto mais nobre de uma existência consagrada ao direito. A educação jurídica, elevando-se acima do direito nacional, concentra num terreno neutro e internacional todos os juristas de todos os povos e de todas as línguas. Os objetos de seus conhecimentos, as instituições e os direitos dos diversos países separam-nos, mas a maneira de considerá-los e de concebê-los é idêntica para todos, porque *os verdadeiros juristas de todos os países e de todas as épocas falam a mesma linguagem.* Os jurisconsultos compreendem-se entre si, mas o jurista e aquele que não o é, até quando falam do seu próprio direito, com frequência não chegam a entender-se. A distância que separa hoje e que separará sempre o homem mais instruído de um jurista é infinitamente maior que a que existe entre um jurisconsulto da antiga Roma e um jurisconsulto inglês que jamais tivesse ouvido falar do direito romano. A jurisprudência inglesa, ainda que fosse ignorante desse direito, está impregnada do espírito que dominou a antiga jurisprudência de Roma. Mesmo respeito pela forma, mesmo dogmatismo, mesmos subterfúgios e atos simulados; tudo é idêntico, até nas ficções que não faltam a estes últimos e às quais eram tão dados os romanos. Essa espécie de arquitetônica jurídica – um pouco pesada e desigual, é preciso admitir (tanto que poderia ser chamada de estilo churrigueresco do direito) – passa despercebida para a inteligência do vulgo, isso se não o chocar e se ele não zombar dela, enquanto o jurista a percebe sem esforço nem fadiga. Faça-se abstração completa dessas formas da técnica jurídica pertencentes a uma fase pouco avançada do desenvolvimento do direito e o pensamento jurídico como tal permanecerá sempre o mesmo; mas será desconhecido ou incompreensível para o homem não versado na legislação, que achará estranho que o jurista admita duas operações em que ele vê apenas uma[32], ou que não admita nenhum ato em que ele sustenta que há um ou muitos[33]. Espantar-se-á que ali onde, na realidade, existe um ato exterior o jurista não o admita, ou que o conceba de modo muito diferente daquele que se manifesta exteriormente[34], ou que resolva de maneira completamente distinta atos que exteriormente se apresentam com o mesmo aspecto[35]. Contudo, em todos esses casos, não se trata de concepções próprias dos jurisconsultos romanos, mas de considerações e deduções de uma necessidade tão lógica, tão imperiosa para o direito, que qualquer outra jurisprudência as teria admitido sempre da mesma maneira.

As concepções de uns e outros são, portanto, essencialmente distintas. Por essa diversidade, que é um fato histórico que se reproduz em toda parte, culpou-se a jurisprudência, atribuindo-lhe como consequência sua antipatia pela concepção natural e imputando-lhe também como um crime sua delicadeza, sua astúcia, etc., e deseja-se a volta de um conceito mais são para a apreensão da realidade das coisas. Tais juízos são descul-

---

32 Por exemplo, quando um devedor pagava a um terceiro por ordem do credor, o jurista via nisso primeiro um pagamento do devedor ao credor (realizado por meio de um terceiro) e depois o ato jurídico verificado entre o credor e um terceiro, executado por meio do pagamento (ato que pode ser igualmente uma *solutio*, uma doação, um empréstimo ou qualquer outra coisa); L. 44 de solut. (46, 3): *In numerationibus aliquando evenit, ut una numeratione duae obligationes tollantur uno momento.* Esta é, em casos iguais, a relação que encontram os juristas na L. 3, § 12 de don. i. v. e u. (24, 1): *celeritate conjungendarum inter se actionum unam actionem occultari.*

33 É o que acontece quando o locatário compra do locador a coisa arrendada e verifica-se uma dupla tradição (*traditio brevi manu*), que ocorre também em sentido inverso no *constitutium* possessório.

34 Por exemplo, a ratificação de um ato anterior nulo, considerado como ato novo; L. 1, § 2 pro donato (41, 6): *quasi NUNC donasse intelligatur.*

35 Por exemplo, a apropriação de uma coisa abandonada pelo seu proprietário, considerada certas vezes como ocupação de uma *res derelicta*, e outras como aquisição de uma *res tradita*, ou a apreensão violenta de uma coisa, considerada ora como tradição forçada, ora como ato de banditismo.

páveis na boca do vulgo e, se fossem encontrados apenas nele, não haveria necessidade de refutá-los. Porém, como frequentemente são repetidos por gente instruída[36] e até por juristas, que por vários motivos se uniram à multidão ignorante, não será inútil que, num parágrafo destinado especialmente a dar testemunho dos serviços e méritos da jurisprudência, eu faça uma breve apologia desta última. Assim despertarei entre os leitores que tiverem necessidade disto um sentimento sem o qual não se pode estudar ciência, e a jurisprudência menos que qualquer outra: o da estima pela força intelectual que ela encerra, estima à qual corresponde necessariamente a modéstia e a desconfiança do seu próprio mérito.

Duas palavras estereotipadas desempenham papel importante no juízo acusatório erguido contra a jurisprudência: *a apreciação natural* e *a clara razão humana*. Estou convencido que não se poderia ferir com golpe mais certeiro a jurisprudência do que tornando-a culpada de seu conceito pouco natural e de sua contradição com a reta razão humana. Mas desgraçados sejam a jurisprudência e o direito que se formarem dessa maneira! Seria preciso, para isso, que os melhores anos de um estudo contínuo não pudessem vencer a ignorância e a inexperiência inatas da primeira idade. Que é o *conceito natural* senão a confusa impressão que recebem os olhos abertos pela primeira vez à luz e a dependência absoluta de um órgão fraco ainda não exercitado nos efeitos do *mundo exterior*? O sentido natural é o princípio de todo conhecimento, mas muito rapidamente se adquire a convicção de que a visão é enganadora e que só existe progresso à medida que ela se liberta da aparência. Pois então não valeria para o direito, como para todas as outras esferas do saber humano, o princípio de que a contemplação contínua de um objeto, sua

---

36 Em Roma, citarei Cícero, cujas frases desdenhosas sobre a jurisprudência foram muito acentuadas e que Quintiliano não fez mais que reproduzir (*Inst. Orat.* XII, 3, 7; § 11). Sobre a época atual, ver nota 1.

observação e persecução constante conduzem necessariamente a novas conclusões, que chegavam a ser incompreensíveis e absurdas quando não se tinha outras ideias além daquelas oriundas de uma observação superficial? Diante de tais mudanças, qualquer homem, por menos instruído que seja, não se atreverá a sustentar que, sendo isso verdade para as outras ciências, seja mentira para aquela de que tratamos. No entanto, é o que acontece todos os dias quando se trata do direito! A experiência e o saber são tachados de erro e prevenção, a ignorância absoluta exaltada com o nome de omissão de preconceitos. Com igual motivo, qualquer um que invocar a verdade do conceito natural para a inteligência do direito poderia dizer o mesmo dos fenômenos da natureza e sustentar que a Terra está imóvel, que o Sol gira em torno de nós e que é idiotice crer que o ar tenha peso, posto que, nesse caso, deveríamos senti-lo. O Sol, a Terra e o ar estão mais próximos da apreciação natural das pessoas que o direito; porém, enquanto para elas o ignorante prefere referir-se ao juízo da ciência em vez dos seus olhos, no direito, ao contrário, o mesmo homem instruído torna-se culpado todos os dias desse desprezo jactancioso.

Não me façam a objeção de que o direito tem origem e fundamento no sentimento jurídico. É certo que o sentimento jurídico é a semente do direito, mas a semente contém o germe do vegetal e não a planta em si. *Semina nobis scientiae natura dedit, scientiam non dedit,* como diz Sêneca em nossa epígrafe. Portanto, o direito só se engrandece e prospera quando o grão que o contém está entreaberto e pode passar da esfera do puro sentimento jurídico à do domínio da ciência jurídica. Assim como a árvore não pode voltar a ser o germe primitivo, não há poder sobre a Terra que possa implantar num direito já desenvolvido a sua forma primitiva para torná-lo acessível a todas as pessoas em geral.

Quanto à autoridade da razão sã, reconheço que ela é de fato decisiva na jurisprudência. Vou mais longe, não hesito em sustentar que é um precipitado da razão humana em matéria de direito. Disse um precipitado, e esse é o termo exato, o depósito da razão sã de milhares de indivíduos, tesouro de experiência no qual cada um teve que sofrer a crítica de seu pensamento e de sua vida prática. Quem se torna dono desse tesouro já não opera somente com sua própria e fraca razão nem se apoia na sua experiência particular, mas trabalha também com a força intelectual de todas as gerações passadas e com a experiência de milhares de séculos que passaram. Por meio desse complemento artificial de meios e forças, qualquer um pode chegar a ser útil à sociedade, porque o gênio que descobriu e criou passa, por meio do trabalho, a ser propriedade do homem comum. Não é apenas na esfera do saber e do poder humano que o fraco, que sabe aproveitar a inteligência e experiência dos séculos, torna-se superior ao gênio que descuida desses auxílios. Certamente é mais fácil cultivar a terra ou exercer um ofício que resolver os problemas mais árduos do direito; todavia, aquele que, para fazer um ou outro, não exigisse mais que a ajuda da reta razão seria inferior ao mais tosco dos artesãos, e se além disso procurasse alterar as regras da experiência com a sua razão individual, censurando os conhecedores do ofício e pretendendo dar-lhes lições, o campônio mais ignorante e o artesão menos hábil zombariam dele por um bom motivo. E o jurista não terá que fazer o mesmo quando um homem qualquer se opuser às suas maneiras de ver? Aquele que concede a um sapateiro ou a um alfaiate a capacidade de decidir questões de direito tenta dirigir-se a um filósofo para que confeccione roupas ou calçados. Quanto aos juristas que participam e ajudam a propagar a ideia ilusória de um direito popular acessível a qualquer indivíduo da cidade ou do campo, e que dizem que a sociedade pode passar sem os conhecimentos dos jurisconsultos, não posso aconselhar-lhes outra coisa senão darem de sapateiros ou alfaiates. Sapatos e roupas ensinar-lhes-ão o que a jurisprudência não os fez aprender, e eles convencer-se-ão de que a arte mais humilde tem também sua parte técnica, que não é outra coisa senão o depósito acumulado que veio a ser o objetivo da razão humana, e que mesmo assim só pode ser aplicada por aquele que se dá ao trabalho de estudá-la.

Essa premissa simples contém toda a diversidade que existe entre a jurisprudência e a opinião que dela têm as pessoas em geral, além de ser também a própria justificativa da jurisprudência. Mais interessante e instrutivo seria, embora ao mesmo tempo mais difícil, defender a jurisprudência provando em todos os detalhes sua conformidade com a razão sã. Até agora carecemos de semelhante estudo crítico e apologético, uma vez que, satisfeita a jurisprudência na posse segura de sua utilidade e confiante que suas doutrinas subsistem constantemente, ela furtou-se de bom grado a empreender essa delicada tarefa. Pode-se criticá-la por uma certa indolência e inércia que repousam na tradição. É por isso que alguns dos seus discípulos se enganaram acerca da sua missão e lançaram-lhe a primeira pedra. Os parágrafos seguintes nos darão a oportunidade de justificar um ponto dos mais importantes, qual seja, aquele relativo ao valor da nossa definição da jurisprudência.

Existem, além disso, duas observações que rogo ao leitor não perder de vista. Desde já, o que acabo de dizer refere-se à jurisprudência no que ela criou ou produziu, mas não aos materiais que uma autoridade exterior lhe impôs e pelos quais ela não pode ser responsável, e menos ainda às opiniões individuais de juristas isolados, opiniões cuja conformidade com a razão sã é, às vezes, mais do que duvidosa e que não podem representar a verdadeira intenção de seus autores. A crítica sã da vida prática aceita opiniões malsãs pelo simples fato de ignorá-las.

Por outro lado, em matéria de direito, como em qualquer outra, cada regra isolada não somente traz em si sua oportunidade ou necessidade, mas tira-as da sua correlação com o conjunto de todas as outras regras, e apenas nesse conjunto encontra sua explicação e demonstração. Uma regra isolada pode parecer irracional, inoportuna, que é precisamente como a julga aquele que ignora essa correlação, ou então crê ingenuamente que pontos isolados são suscetíveis de juízo igualmente isolado. Se essa ideia fosse exata, a decisão tomada pela jurisprudência não se separaria com tanta frequência daquela que o leigo julga que deve convir-lhe. Mas tal modo de ver é falso; a jurisprudência e a opinião comum colocam-se em pontos de vista diferentes e, por conseguinte, essa divergência de opiniões nos seus juízos não somente pode, mas deve inevitavelmente reproduzir-se. Isso explica por que, muitas vezes, é tão difícil fazer um homem qualquer aceitar a sabedoria de uma regra determinada. Falta-lhe justamente o ponto de onde deve vê-la e o conhecimento dos meios intermediários entre a regra de que se trata e seus motivos últimos, ou, o que é igual, faltam-lhe a vista geral e a perfeição da lógica do conjunto.

Seção Segunda

Teoria da Técnica Jurídica

A. Objeto da técnica e meios de alcançá-lo em geral

Realização do direito. – Problema e meios de resolvê-lo, especialmente a técnica. – Os dois interesses técnicos. – Praticabilidade do direito.

43. O direito existe para realizar-se. A realização é a vida, e a verdade do direito é o direito em si mesmo. O que nunca acontece na realidade, o que existe somente nas leis e sobre o papel é apenas um fantasma de direito, meras palavras e nada mais. Ao contrário, o que se realiza como direito é direito, ainda que não se encontre escrito nas leis e que o povo e a ciência ainda não tenham adquirido conhecimento dele (tomo I, p. 41 e seguintes).

Portanto, não é o conteúdo abstrato das leis, nem a justiça escrita sobre o papel, nem a moralidade das palavras que decide o valor de um direito. A realização objetiva do direito na vida, a energia por meio da qual o que é conhecido e proclamado como necessário é perseguido e executado, eis o que confere ao direito seu verdadeiro valor.

Mas não basta saber que o direito se realiza, é preciso também saber como ele se realiza. De que serviria a certeza e a infalibilidade da realização se sua marcha fosse tão pesada e lenta que o homem só chegasse a conquistar seu direito nos umbrais do sepulcro?

É possível determinar de maneira absoluta *como* se realiza o direito? Sim, respondo sem hesitar: os diferentes direitos cumprem-se todos e em toda parte da mesma maneira, seu conteúdo material importa pouco. Sob essa relação existe o ideal absoluto que todo direito procura alcançar e que, a meu ver, produz uma reunião de duas condições: que o direito deve realizar-se de modo necessário, seguro e uniforme, e além disso de maneira *fácil* e *rápida*, circunstância esta que, nas várias legislações positivas, apresenta diferenças notáveis. Ora vemos um direito simples, rude e imperfeito no seu fundo realizar-se com energia e prontidão por meio de procedimentos rápidos e severos, ora deparamo-nos com um direito totalmente progressivo e aperfeiçoado nos seus mínimos detalhes dando lugar a intermináveis procedimentos. É a idade do direito que engendra essas diferenças? Ou será a facilidade, a rapidez, consequência natural da ingenuidade primitiva das relações? Ou, ao contrário, a complicação destas e sua maior latitude tornam mais lenta e difícil a realização do direito? Seria um erro pensar assim. Seja qual for a influência desfavorável do progresso do direito sobre a facilidade e rapidez da sua aplicação, não se pode negar que, quanto mais pesada é uma carga, mais difícil se torna manejá-la e movê-la, tanto nas coisas intelectuais como nas materiais. Mas a arte chega a diminuir e reduzir essa ação natural do progresso porque, justamente, essa é a missão da *arte jurídica*, que caminha com mais rapidez que o progresso científico do fundo do direito, progresso que a teoria criou (teoria no sentido moderno da palavra) e que é produto do trabalho de certo número de homens que se limitam a escrever e ensinar e que *expõem* o direito, mas não o *aplicam*. No entanto, com isso não se disse tudo; falta saber o que faz a ciência com as noções e regras que a teoria descobre por meio de seus procedimentos de interpretação, dedução e abstração. A ciência não esquece que, para poder encontrar sua aplicação viva, deve ser também uma arte e que todas as suas regras devem, além disso, responder às exigências da vida. É assim que nascem essas opiniões e teorias – muito engenhosas e muito sábias, mas também muito falsas – que vivem na abstração em que nasceram, mas morrem assim que se tenta transplantá-las para a vida real, que as mata com seu hálito poderoso. Frutos abortados sem gosto nem sabor, sabedoria de ateneu e jurisprudência de escola, e produto bastardo da erudição e do direito.

Agora vamos tratar da arte jurídica. Estudaremos em seguida as causas que decidem os motivos da realização do direito (não somente do ponto de vista da rapidez e da facilidade da aplicação, mas também do da resposta à pergunta em geral). Quais são as causas, as influências, as hipóteses, etc., decisivas nesse caso? É preciso distinguir as que são inerentes ao direito das que lhe são estranhas. Entre estas últimas merecem ser citadas o grau de cultura intelectual e moral do povo, o desenvolvimento da ideia de Estado e de poder público, a divisão social, a relação de poderes, e sobretudo a força moral de que goza a ideia do direito na consciência do povo. Saber se para ele a justiça apresenta-se como uma coisa elevada e santa, ou como nada mais que um bem como outro qualquer. Portanto, a imparcialidade, a integridade, etc., dos juízes dependem essencialmente da energia do sentimento de justiça por parte do povo. Ali onde esta é coisa santa, o juiz é incorruptível e fiel ao seu dever. Tal povo, tais juízes. Entre as causas influentes que radicam no próprio direito devemos colocar, por um lado, a organização judicial e a forma do processo e, por outro lado, o estado do fundo do direito, ponto este que nos mostra o campo principal no qual se move a atividade da técnica jurídica.

De fato, o fundo do direito exerce a maior influência sobre sua realização – dogma evidentíssimo e compreensível até para o vulgo. As disposições errôneas são impotentes para entrar no domínio da prática; as leis que se chocam com o espírito da época, sejam reacionárias, sejam progressistas, sempre encontram resistência tenaz e porfiada. Não entraremos agora no exame dessa verdade sobre o fundo do direito, que escapa à influência que possa ter sobre ele o jurista, porque a questão não entra na *técnica* do direito. O fim desta última é o único objeto de nosso estudo e a questão que ela é chamada a resolver reside nos seguintes termos: de que maneira o direito, abstração feita do seu conteúdo, deve organizar-se e estabelecer-se para que seu mecanismo simplificado facilite e assegure o mais amplamente possível a aplicação das regras de direito nos casos concretos?

Para essa pergunta a razão natural não encontra outra resposta além da necessidade de uma redação clara, precisa e detalhada das leis, mas será muito diferente a resposta que dará a jurisprudência, isto é, a prática em matéria de direito. Essa clareza e as qualidades que dela derivam, embora não sejam desprezíveis, não bastam por si sós, e é fácil demonstrar isso. De que servem as leis mais precisas e mais detalhadas se, mesmo com a maior boa vontade do mundo, o juiz não pode conhecer todas elas? Era o que acontecia em Roma mais para o final do império, e é o que acontece hoje na Inglaterra. De que valem as definições e distinções mais claras se, na sua aplicação aos casos particulares, tropeçamos em dificuldades invencíveis? (I, 66 ss.) Portanto, no fim das contas trata-se de uma questão de oportunidade, a do reconhecimento e persecução da oportunidade para a realização do direito, que é o objeto de toda a teoria da técnica. Porém, se a resposta é evidente, o problema é tão complicado que exige o trabalho incessante de séculos inteiros, cuja origem remonta muito além da época da ciência propriamente dita. A técnica do direito e a jurisprudência não nasceram no mesmo dia. Muito antes da ciência, o instinto jurídico tentava a solução com um vago pressentimento de verdade, e o direito romano antigo é uma prova eloquente do que ele soube fazer. Em matéria de direito, a *arte* também antecede a ciência, porque a arte concilia-se de fato com o pressentimento e com o instinto, enquanto a ciência começa apenas no conhecimento.

A imperfeição técnica não é somente uma imperfeição parcial, um defeito isolado, mas constitui a *imperfeição de todo o direito*, dado que o contagia, contraria e paralisa em todas as suas manifestações. De que serve colocar nas leis o enunciado de prescrições morais da mais alta ordem e a concepção mais nobre das ideias de liberdade, justiça, etc., se essas teorias permanecem sem aplicação prática ou são de aplicação laboriosa quando a técnica carece da flexibilidade necessária para transformar o abstrato em realidade? Logo, existe, indiretamente unida à técnica, uma importância muito moral; a jurisprudência, ao tratar dela com o cuidado mais minucioso dos menores detalhes a ela relativos, na realidade toca nas questões capitais. Por mais modesta e escondida que pareça a técnica, sua ação imprime a essas questões um progresso tão grande quanto o trabalho intelectual mais profundo.

Julguei necessário determinar esses caracteres antes de definir a técnica, porque com ela se designa ao mesmo tempo o ramo da arte jurídica que tem por objeto aperfeiçoar a forma da matéria jurídica ou, em outras palavras, o *método técnico* e o *mecanismo técnico*, e o conjunto de procedimentos por meio dos quais aquele fim pode ser alcançado, do mesmo modo que, na linguagem ordinária, a palavra *mecânica* designa a arte e o mecanismo que a arte põe em movimento. A confusão entre ambos os termos não é possível, e por isso deixarei ao bom juízo do leitor discernir em cada caso o sentido ao qual ele deve ser conectado.

Toda a atividade da técnica leva a dois fins principais. Aquele que quer aplicar o direito com segurança deve, antes de mais nada, possuir a matéria de que trata e dominá-la intelectualmente. Mas o estado peculiar do direito pode fazer com que esse trabalho seja fácil ou penoso, e como, das duas tarefas principais da técnica, uma consiste em facilitar esse trabalho simplificando o direito, devemos portanto examinar por quais meios e com que sucesso se pode obter essa simplificação. A aplicação do direito abstrato aos casos concretos é outra das missões da técnica: a destreza nisso, como toda ação individual, constitui uma arte que só se aprende com o exercício. Contudo, mesmo desse ponto de vista, o direito pode, pelo contexto das suas disposições, acarretar facilidades ou dificuldades de determinado caráter. Por exemplo, a disposição de Justiniano acerca do direito sucessório da viúva pobre ou da quantidade permitida à rica é o tipo de uma lei lógica, pois ambas constituíam duas noções tão vagas que os juízes as aplicavam em sentidos diferentes, assim como as leis que fixam quantia certa (por exemplo, as leis sobre a idade, a prescrição, as doações exorbitantes, os furtos consideráveis) não apresentam dificuldade alguma na sua aplicação. A tarefa legislativa, como a da jurisprudência, consiste em dar às noções que escapam a uma aplicação segura uma forma tal que se possa fazê-las passar da linguagem da filosofia do direito à do legislador. A maturidade do desenvolvimento intelectual no caráter do homem constitui a ideia filosófica da maioridade, ideia que por si só não é suscetível de nenhuma aplicação prática; porém, se for substituída por um número, como por exemplo o de vinte e cinco anos, perderá algo da sua verdade, da sua correção, mas a ideia, ao passar à prática, será garantida. Cícero (*De off.*, III, 17) expressa em termos excelentes a diferença que existe acerca de uma mesma ideia entre a expressão filosófica abstrata e a expressão jurídica concreta: *Aliter leges, aliter philosophi tollunt astutias; leges, quatenus manu tenere possunt, philosophi, quatenus ratione et inteligentia.* Assegurar e facilitar a aplicação do direito abstrato aos casos concretos e, melhor ainda, fazê-los entrar na prática jurídica é a segunda operação capital que a técnica persegue. Os exemplos que citei bastam para explicar sua influência sobre a própria construção das regras do direito, sem que necessite entrar agora em mais amplas considerações; além disso, esse ponto já foi tratado antes por nós (tomo I, p. 66).

Falta examinar o primeiro dos dois problemas da técnica, qual seja, a simplificação do direito quanto aos elementos que o compõem, considerando-os do ponto de vista da sua qualidade e quantidade.

A inteligência por um lado e a memória por outro ajudam a adquirir o conhecimento do direito. A própria natureza de cada um dos direitos regula a influência mais ou menos predominante de uma ou outra dessas forças intelectuais. Assim, certos direitos exigem os esforços da inteligência mais que os da memória, e para outros basta esta última; o estudo de uns requer somente uma leve atenção da inteligência ou da memória, e outros, ao contrário, exigem um trabalho laborioso. Em geral, a importância da memória depende da soma ou quantidade dos elementos que compõem os direitos, assim como a da inteligência está relacionada com a qualidade dos elementos.

A facilidade ou dificuldade do conhecimento do direito não apresenta somente um interesse puramente subjetivo, pois a própria administração da justiça também lhe confere uma importância muito objetiva. Se aquele que deve aplicar o direito e aquele que deve sabê-lo tiverem dificuldades diante do desenvolvimento que o direito alcançou, ou por causa da escuridão ou da incerteza que nele reinam, tanto para abarcá-lo no seu conjunto como para examiná-lo nos seus detalhes, a aplicação do direito deixará muito a desejar, ainda que o sujeito invista nela toda a sua atividade e todo o seu estudo. O interesse do juiz e o do comércio jurídico caminham lado a lado nesse assunto. Logo, é de suma importância para a prática ver se o jurista pode tornar-se facilmente mestre da matéria do direito.

Simplificação quantitativa e qualitativa, tenho aqui a fórmula por meio da qual o jurista conquista o domínio intelectual sobre o direito; ela resume toda a tarefa da técnica jurídica nessa ordem de ideias.

I. A *simplificação quantitativa* procura diminuir a massa de materiais sem gerar prejuízo para os resultados que se deseja alcançar. Tornar tudo o mais possível com o menor número de elementos, essa é a lei. Quanto mais reduzido for o material, mais fácil seu manejo.

Poder-se-ia chamá-la, portanto, de *lei da economia*, na qual vejo, quanto a mim, um dos elementos mais vitais da jurisprudência, porque a legislação que a ignora, ou seja, aquela que não sabe economizar os materiais, agoniza sob a massa sempre crescente deles e sucumbe sob o peso da sua própria riqueza. O conhecimento dessa lei, portanto, é absolutamente indispensável para a compreensão exata da técnica romana antiga. As operações que seguem vêm afirmar sua generalidade, e as duas primeiras serão submetidas por nós a um exame profundo nos parágrafos seguintes:

1. *Análise da matéria*, ou sua redução a partes fundamentais simples (§ 44).

2. *Concentração lógica da matéria* (§ 45).

3. *Ordem sistemática da matéria*. Poucas palavras são necessárias para explicar esta.

A classificação sistemática não é uma distribuição puramente local da massa das noções contidas numa ciência, mas uma simples classificação determinada por motivos de oportunidade, com o intuito de encontrar mais facilmente os materiais recolhidos, que deve apresentar a síntese concentrada da ciência de que se trata, isto é, toda a indicação na forma de quadro sinóptico do que constitui cada objeto ou cada noção, e de que maneira cada um deles une-se a todo o organismo da ciência. É a árvore genealógica das ideias. Cada ciência, no arcabouço nu de suas doutrinas, oculta em formas pouco visíveis e do modo mais condensado a robustez de pensamento e a concentração poderosa de todo o seu conteúdo.

Isso vai contra uma opinião muito difundida entre os juristas, segundo a qual a sistematização não oferece no direito mais que um interesse teórico ou puramente formal; mas creio que exatamente com isso se encarece bastante seu valor e se ressalta sua importância prática. O interesse da classificação sistemática e exata de um instituto não é outro senão seu fácil conhecimento e a exposição exata dos materiais. Aquele que coloca falsamente um objeto numa categoria diferente da que lhe corresponde e classifica, por exemplo, um pássaro entre os mamíferos, enuncia uma coisa materialmente falsa, e esse simples equívoco pode gerar outros mil. Os erros nessa matéria, longe de ser inofensivos, são sumamente prejudiciais. Compreende-se, portanto, que a teoria tenha muito cuidado com a crítica dos sistemas. Creio que seria um trabalho muito útil fazer a história dos erros que resultaram da classificação nascida de um sistema falso. Todo erro é resultado e ao mesmo tempo origem de um conhecimento defeituoso do objeto e um guia mentiroso, e até que a ciência atribua ao objeto o verdadeiro lugar que ele deve ocupar no sistema, ela não tem a percepção exata desse objeto. Compreende-se, pois, que não se trata somente de considerar o objeto em si mesmo e para si, mas também de levar em conta sua correlação com os outros objetos.

4. *Terminologia jurídica.*

Advirta-se desde já que este não é o momento de explicar o quanto é necessária uma terminologia rigorosa, isto é, claramente acentuada e rigorosamente desenvolvida, e a importância que ela oferece para a ciência, nem tampouco demonstrar até que ponto dependem dela a precisão, a segurança e a vivacidade. Não falaremos dela, mas dos recursos que ela fornece ao jurista na ordem das ideias que nos ocupam.

É verdade que a denominação técnica não acrescenta nada à clareza da ideia ou do seu conteúdo, mas reveste-a de uma forma que simplifica infinitamente seu uso. Uma única expressão técnica poupa o emprego de cem palavras[37]. As verdades, as apreciações científicas que não se designam por uma expressão *técnica* são como moedas que não receberam cunhagem: nem umas nem outras entram em circulação. A *coisa* necessita de nome e, para ela também, depois do nascimento, deve-se proceder ao *batizado*. Quando falta o nome, existe a presunção de que a coisa em si, ou pelo menos o conhecimento que se tem dela, é defeituosa. Não se deve confundir a terminologia com a simples nomenclatura, que atribui nomes até àquilo que não tem nenhum valor científico, extravagância na qual nossa ciência caiu há não muito tempo. Porém, mesmo podendo-se censurar legitimamente isso, seria contrário à razão combater a terminologia como tal quando se serve de termos estrangeiros tradicionais[38] tomados de línguas alheias.

5. *Arte de empregar habilmente aquilo que existe (a economia jurídica)* (§ 66 a 69).

II. *Simplificação qualitativa do direito.* Não é apenas o elemento quantitativo de uma matéria, ou seja, seu desenvol-

---

37 Quantas palavras não seriam necessárias para traduzir em linguagem comum a regra de que a prestação da evicção só se estende aos gastos necessários!

38 Repousa numa ilusão piedosa o afã com que se combateu a terminologia jurídica e o desejo acentuado de que a jurisprudência se sirva o máximo possível de expressões usuais, com o intuito de facilitar às pessoas em geral a compreensão do direito. Substituir as palavras latinas *culpa*, *dolus*, etc., por palavras alemãs, espanholas ou de qualquer outra língua não facilita de maneira nenhuma a compreensão do direito para as pessoas da cidade ou do campo, porque não se trata de entender as palavras, mas as ideias. O lavrador, que não compreende uma fórmula de álgebra ainda que seja escrita com letras e cifras ordinárias, tampouco verá vantagem nas fórmulas jurídicas, mesmo que traduzamos *culpa* por falta, *dolus* por fraude, etc., sendo inútil demonstrar que as expressões de uma língua morta oferecem mais vantagens para a terminologia que as de uma língua viva. O sentido com que a ciência emprega as palavras da língua materna sói ser necessariamente distinto do que se emprega na vida. Mas o motivo da sua utilidade consiste em que o significado da expressão às vezes muda na vida, enquanto a ciência mantém o sentido estabelecido. Por outro lado, a vida pode, por causa das definições da ciência, empregar a expressão em outro sentido, porque a vida e a ciência falam com frequência duas línguas diferentes.

vimento e extensão, que permite concebê-la mais ou menos isoladamente, para dominá-la com maior ou menor facilidade; o elemento qualitativo, isto é, a ordem interna, a simetria, a unidade do objeto, tende igualmente a esse mesmo fim. O direito é qualitativamente simples quando é o ponto de união, ou seja, quando as partes, estando exatamente limitadas e separadas, mesmo assim se reúnem harmonicamente numa mesma unidade, e quando, por conseguinte, o pensamento pode abarcar tão facilmente a parte quanto o conjunto. O parágrafo seguinte, dedicado à construção jurídica (§ 46), mostrar-nos-á como a jurisprudência alcança esse fim.

Vamos examinar mais detalhadamente três operações: a *análise*, a *concentração* e a *construção*. É verdade que elas se confundem em muitos aspectos, mas é altamente necessário distingui-las em princípio para poder estudá-las separadamente. Nessas operações acontece o mesmo que na distinção das diversas faculdades intelectuais, nas quais jamais uma força isolada opera por si só, ou mais exatamente, as diversas forças que admitimos não passam de resultantes e direções de uma única e mesma força, e no entanto, para perceber essa diferença, é indispensável separá-las e expô-las sucessivamente. Desse ponto de vista se deverá estudar a distinção que estabeleço entre essas três operações.

⫶

B. As três operações fundamentais da técnica jurídica

1. Análise jurídica (alfabeto do direito)

Os elementos simples do direito. – Abstração e especificação. – Surgimento histórico do abstrato no concreto (pontos de invasão; extensão por analogia). – Letras do direito. – Comparação do alfabeto do direito com o da linguagem.

44. O alfabeto é uma das maiores e mais fecundas invenções, e no entanto uma das mais simples que já concebeu o espírito humano. Vinte e quatro signos asseguram o domínio de um tesouro inesgotável, e sua ordenação é tão fácil e pouco complicada que a reprodução da palavra por meio de signos e a chave deles, ou seja, a escrita e a leitura, podem ser tornadas inteligíveis para uma criança, que consegue apropriar-se deles com toda a exatidão. Sem o alfabeto, tal domínio sobre a linguagem não poderia ser alcançado, mesmo à custa de grandes esforços e da aplicação mais atenta, e a arte de ler e escrever seria, de todos os conhecimentos humanos, a mais difícil de se obter.

O abecedário contém para a linguagem a resposta a uma pergunta que já indicamos como problema capital da técnica em matéria de direito, qual seja, a de facilitar o conhecimento da matéria por meio da simplificação desta. Existe, portanto, motivo para indagar se a mesma maneira de resolver a questão não se poderia aplicar também ao direito, ou, em outras palavras, se não se poderia levar para o direito o sentido do alfabeto que reside na análise e decomposição dos elementos simples e nasce da observação de que as palavras não são mais que combinações variadas de determinados sons fundamentais, bastando, por conseguinte, descobrir esses sons e dar-lhes nome para poder, por meio deles, compor uma palavra qualquer.

Se, para cada relação jurídica, para cada matiz dessa mesma relação, o legislador tivesse que estabelecer mais uma regra, sucumbiríamos aniquilados sob a massa enorme de materiais, sem por isso deixar de encontrar todos os dias outros obstáculos, porque a cada instante o progresso do pensamento produz palavras novas, e cada dia também o movimento do comércio jurídico cria relações ou complicações particulares. Porém, felizmente todas essas criações só são novas numa parte muito pequena, pois os elementos existentes já se encontram nelas em grande número e somente parte deles se combinam e transformam de uma maneira particular. O novo, nessa ordem de ideias, é a combinação diferente, ou a modificação de certas noções fundamentais que constituem os elementos simples do direito, acontecendo com este o mesmo que acontece com a linguagem, que o procedimento para dominar a matéria é o mesmo, por mais inesgotável que pareça. Trata-se, pois, de analisá-lo e reduzi-lo a elementos simples, e isso confirma a observação que fizemos anteriormente, de que a essência do direito consiste em analisar, dissolver e separar. A *técnica* jurídica, que tem por objeto resolver esse problema, poderia portanto chamar-se a *química do direito*, ou seja, a ciência que trata de procurar os elementos simples deste.

Cremos já poder indicar claramente a possibilidade de encontrar as regras dessa análise, devendo advertir que a demonstração completa não poderá ser feita até que se aborde a construção jurídica. Suponhamos que uma comissão legislativa, ao estabelecer o direito das obrigações, trate somente do contrato de venda e considere resolvidas todas as questões imagináveis que podem surgir a respeito desse contrato. Se ela passar depois a examinar outros contratos, por exemplo o de permuta ou o de arrendamento, descobrirá que, além de questões que estão relacionadas exclusivamente com eles, surgem novamente algumas que já foram respondidas por ocasião do contrato de venda, por exemplo, a influência do erro sobre a validade do contrato, as consequências da não execução ou o atraso desta. Certamente seria possível, quando tal questão se apresentasse, dar-lhe uma solução nova e diferente, considerando como espécie particular cada relação jurídica. Dada essa hipótese, os materiais que serviram para a solução de um ponto fixo não poderiam ser separados das diversas relações isoladas, de modo a poder formar uma teoria geral aplicada a todas as relações. Porém, se a jurisprudência quisesse comprovar esse teste, não ganharia nada além de obter uma coleção puramente exterior e sem utilidade e uma agregação de fragmentos dispersos sem unidade interna.

Na realidade, não se deve temer que a legislação recorra a tal procedimento, porque existem certos pontos que são sempre os mesmos, que se reproduzem de modo igual nas diversas relações do direito e para os quais a ciência não tem necessidade de dar solução diferente. O elemento de generalidade que reside em todas as coisas mostrar-se-á nas regras do direito, e além das que são, na realidade, *locais*, isto é, próprias a uma instituição determinada, como por exemplo a venda, a permuta e o arrendamento, etc., produzir-se-ão outras comuns a todas e de *natureza abstrata*. A operação intelectual à qual devem seu descobrimento, a *abstração*, contém a aplicação do método analítico, que não é outra coisa senão separar o geral do particular e decompor a matéria nas suas partes gerais e particulares ou locais. A abstração não tem por objeto excluir o elemento individual para substituí-lo por pontos de vista gerais, nem, ao contrário, fazer conhecer o que é, na realidade, individual ou geral, mas exige a concepção exata de um e de outro. Porém, como ao mesmo tempo ela diminui a soma de matéria, é dispensável repetir e retornar muitas vezes aos diferentes pontos do sistema quando se trata da mesma questão. No entanto, a força das coisas impõe limites à abstração. A necessidade prática (*utilitas*) exigirá por vezes que se sacrifique a regra abstrata em prol de um ato particular e que uma questão geral se resolva de modo limitado. É esse o objeto do *jus singulare* dos romanos, que chamavam assim não o direito individual em sentido absoluto, como por exemplo os princípios particulares dos contratos consensuais em oposição aos contratos reais, mas sim a separação local de um princípio geral absoluto em si mesmo (*ratio juris*)[39]. Certas regras de direito são, pela sua natureza peculiar, necessariamente locais, porque

---

39 L. 16 de leg. (1, 3): *contra tenorem* RATIONIS *propter aliquam* UTILITATEM *auctoritate constituentium introductum est.*

resultam da individualidade desta ou daquela espécie determinada; mas não contêm de modo algum um desvio do princípio genérico porque não têm nada de geral: são *especiais*, mas não *singulares*. Só se trata do *jus singulare* quando a matéria por si mesma é localizada; por exemplo, quando se trata dos prazos da prescrição ou das causas do deserdamento.

A jurisprudência pode somente abstrair o elemento geral, isto é, tirá-lo de onde se encontra, mas não pode criá-lo. O sucesso de suas tentativas depende especialmente da maneira como o direito é concebido, conforme tenha tendência a centralizar, como em Roma, ou a *localizar*, como o direito alemão.

O pensamento do homem descobre melhor o lado concreto dos conhecimentos intelectuais do que seu caráter abstrato, e é assim que, no direito, a história mostra formas concretas, isto é, regras de direito aplicadas às diversas relações jurídicas, muito mais desenvolvidas que as partes abstratas. Antes que a legislação e a ciência reconhecessem estas últimas e revestissem-nas da sua verdadeira forma geral, elas tiveram muitas vezes que percorrer um longo período histórico e atravessar fases muito diversas. A narração desse desenvolvimento é um dos fenômenos mais interessantes da história do direito e seu conhecimento é tanto mais necessário quanto descobre uma das tarefas e operações mais importantes da técnica jurídica.

O fenômeno de que se trata agora e do qual poderemos encontrar uma série de exemplos, não somente na história do direito romano, mas também na de qualquer outro país, consiste em que uma ideia abstrata, a partir do momento em que se produz pela primeira vez, manifesta-se num caso isolado, que se poderia chamar de seu ponto de invasão *histórica*[40]. Ela continua assim por muito tempo com um sentido limitado e só adquire muito

---

40 Não se trata aqui, notemos bem, do motivo histórico, quer dizer, da influência que podem exercer sobre a produção de uma regra geral uma relação ou interesse particular. O motivo histórico da introdução dos codicilos, como

lentamente a importância que lhe corresponde conforme a sua natureza especial. As ideias também devem lutar para viver, e não é raro vê-las conquistar penosamente a existência ganhando palmo a palmo seu terreno. Não seriam bem compreendidas, ou seriam rejeitadas, se aparecessem de imediato com o caráter de generalidade que acaba sendo acrescentado a elas. Prudentes e tímidas na sua origem, contentam-se com um domínio limitado e não têm cabimento na realidade até que insensivelmente se conciliam com as ciências; unidas a elas e, de certo modo, fortificadas por elas, podem retomar o voo com liberdade para desenvolver-se mais amplamente.

Fora isso, não pode continuar desconhecido por muito tempo o direito que as ideias têm de generalizar-se, pois a lógica é uma força lenta, mas segura. Ela opera sobre o espírito humano de uma maneira que, ainda que inconsciente, nem por isso tem ação menos eficaz, visto que, antes de ser reconhecida, seu valor se comprova e sua força se impõe. As ideias também chegam infalivelmente à hora em que se pergunta por que só regem tal caso e por que não tal outra relação completamente homogênea. Chega a hora em que espanta e choca tanto o círculo limitado da sua ação primitiva, como os testes feitos para aceitá-las e o acúmulo de restrições que houve no momento de sua invasão.

Vou explicar o que precede por meio de um quadro sinóptico de exemplos tirados do direito romano. A coluna da esquerda designa as ideias que acabaram por ser admitidas na sua generalidade; a coluna da direita indica seu ponto de surgimento e as relações jurídicas que, embora limitadas, surgiram pela primeira vez na história.

---

indica Justiniano, foi a ausência (pr. Inst. de codicil. 2, 25: *propter magnas et longas peregrinationes*); mas a instituição não se limitava a essa hipótese, pois servia de regra geral para os presentes e ausentes.

1º. Responsabilidade do principal nos pactos do representante.	Armada em corso e comércio (ações *exercit.* e *institoria*).
2º. Proteção da *bonae fidei possessio* por meio da *actio publicana* (ideia de um direito relativamente melhor).	Venda e tradição.
3º. As ações *quanti minoris* e *redhibitoria*.	Tráfico de escravos e comércio de rebanhos.
4º. Restituição em caso de perda em decorrência de omissão sem culpa.	Ausência.
5º. Fixação das ações dirigidas contra o possuidor como tal por alienação dolosa das coisas.	*Hereditatis petitio.*
6º. Cumprimento fictício da condição (tomo II, p. 186, nota 241).	Legado de liberdade sob condição.
7º. Proteção real do penhor.	Garantias do arrendatário (*actio serviana*).

A estes exemplos poder-se-ia acrescentar muitos outros, mas estes bastam para provar minha afirmação.

Procurei demolir a ideia que se tem de uma coisa acidental e da imperfeição originária do direito. O próprio fenômeno de que se fala, mais que acidental, é a aplicação da lei universal do progresso: não há nada acidental em que a ideia nova abra caminho num caso isolado. Diversas causas, entre as quais figura com certeza a necessidade urgente, podem levar a esse surgimento, necessidade que não se manifesta em toda parte do mesmo modo, dado que é mais imperiosa num caso que no outro, *v.g.*, nos exemplos 1, 3, 4, 6 e 7. Outra causa é a fácil aplicação legislativa da ideia a tal relação determinada e não a tal outra. É o que ocorre nos exemplos 2 e 4. Se fossem necessários outros exemplos, eu citaria a prioridade da posse das coisas sobre a quase posse, a restrição originária do usufruto, do depósito, do arrendamento a objetos individualmente determinados, comparando a extensão ulterior dessas relações a coisas genericamente determinadas, a concepção originária do *damnum injuria datum* como *damnum corpore corpori datum*. Para que meu trabalho seja completo, devo mencionar ademais uma terceira causa. As duas supracitadas pressupõem que a regra ou a ideia poderiam, desde a sua origem, ter tido um campo de aplicação mais extenso que no seu domínio primitivo. Mas também pode verificar-se, e o caso não é raro no direito romano, que um princípio ou noção esteja originariamente apoiada numa relação particular e localizada nela, porque naquele momento essa relação era a única da sua espécie, de modo que o gênero e a espécie se confundiam inteiramente e o que pertencia ao gênero mostrava-se na forma da espécie. Tomemos, por exemplo, o gênero *jus in re aliena*. Uma série de princípios que se relacionam com ele, por exemplo, que o objeto de tal direito não pode consistir em ações do dono da coisa gravada, que se perde por consolidação, etc., foram desenvolvidos historicamente como servidões, pois durante muito tempo a servidão foi o único *jus in re*. Muitos desses princípios conservaram sua forma original, referindo-se à espécie (por exemplo, SERVITUS *in faciendo consistere nequit, nulli res sua* SERVIT), por mais que essa forma reduzida não fosse exata para o direito novo. Acontece o mesmo com a ideia da sucessão universal, cuja única espécie no direito antigo era a *hereditas*. A noção do gênero não podia desenvolver-se fora dela, e por isso todas as regras do direito sucessório falavam somente da *hereditas* (por exemplo, *semel heres semper heres*). A partir do surgimento da *bonorum possessio*, algumas relações tiveram que abandonar aquela forma, porque não se referiam a uma coisa específica da *hereditas*, mas eram comuns a todo o gênero, e no entanto não puderam deixar de conservar a forma da *hereditas* no direito novo.

Voltemos nossa atenção, por último, para a maneira como as ideias costumam generalizar-se. Esse modo de aperfeiçoar o direito parece reservado à jurisprudência e, tirando o fato da extensão de um privilégio concedido na origem a uma única classe, não conheço nenhum caso, pelo menos no direito romano, em que a legislação tenha assumido para si essa responsabilidade. A operação por meio da qual a jurisprudência cumpre essa tarefa é universalmente conhecida com o nome de *extensão por analogia*, o que não impede que as aplicações que antecedem abram-lhe novos horizontes.

Disso resulta sua legitimidade e sua necessidade. Enquanto reinar na história a lei de que o geral não nasce com sua forma geral, mas numa forma limitada, persistirá também a necessidade da extensão por analogia; a própria natureza, pois, torna necessário o concurso do jurista. Outra consequência das nossas explicações anteriores é a de permitir-nos precisar mais exatamente as características da extensão por analogia e, por conseguinte, conhecer as regras que a regem. Portanto, podemos defini-la dizendo que consiste em separar a forma local original do que é geral pela sua natureza e pelo seu destino; ela baseia-se numa análise da matéria jurídica com a qual a história fundou uma única instituição, bem como na separação dos elementos ou princípios jurídicos derivados unicamente do fim específico de dita instituição, que pertencem puramente à espécie (*elementos locais essenciais*), dos elementos que fizeram com que surja essa instituição e que, pela essência, são de natureza abstrata (*elementos locais acidentais ou históricos*). Uma ideia geral dominava as *act. exercit.* e *instit.* da *publicana* e as *act. redhibit.* e *quanti minoris.* Quando os juristas estenderam essas ações a outras relações análogas, não se contentaram em ampliá-las, mas reconheceram sua verdadeira natureza e libertaram-nas das estreitas faixas em que se viam envoltas na sua primeira aparição histórica. Agindo assim, a jurisprudência não excede suas atribuições nem usurpa as do legislador, pois não cria nada e apenas realiza um exame e adota a interpretação crítica elevada, que deduz não das palavras, mas das ideias do legislador. Esse trabalho exige certamente uma faculdade de abstração muito grande e um *criterium* mais seguro que o da interpretação ordinária, porque pode induzir a erro, quer num sentido, quer noutro, ou seja, designando como ideias abstratas elementos essenciais e exclusivamente próprios de uma espécie, ou considerando, ao contrário, ideias abstratas como elementos de outra classe.

Via de regra[41], o primeiro erro é pouco temível porque é mais cômodo e mais seguro aderir ao conteúdo imediato da lei que elevar-se livremente acima dela, de forma que a jurisprudência incorre com maior frequência no deslize oposto. Por isso, ela tem que se familiarizar por muito tempo com as ideias novas antes de admitir que elas têm direito a um campo de aplicação mais vasto que aquele determinado por seu princípio e para reivindicar para elas sua esfera de aplicação na prática. A extensão por analogia é constantemente fruto de uma longa meditação do pensamento. Antes que chegue seu dia, e enquanto sua necessidade não for reconhecida por todos, a tentativa de apresentá-las não gera

---

41 Mais tarde, quando o direito romano provinha dos éditos dos imperadores, o perigo de uma generalização exagerada, isto é, de uma extensão das decisões puramente individuais e feitas para casos concretos (*constitutiones personales*), foi muito maior. Não é, portanto, a jurisprudência que se pode acusar disso, mas a arbitrariedade com que os imperadores trataram o direito como objeto de recompensas, crendo que não lhes era proibido estender seus éditos por analogia.

resultado. É o que acontece e acontecerá em todos os tempos, o que dá a garantia mais segura contra qualquer precipitação.

·⫼·

As explicações que precedem demonstram como, por meio da análise lógica, se realiza a separação dos elementos do direito. As ideias gerais que historicamente nascem com forma especial e concreta separam-se pouco a pouco e adquirem a forma abstrata da qual logo se revestem. Depois dessa separação, os princípios que permanecem pertencem exclusivamente à espécie e seu campo de aplicação é muito limitado e perfeitamente definido. Quanto aos princípios gerais, são semelhantes à atmosfera que flutua sobre a superfície do globo e que, não estando unida a nenhum ponto determinado, move-se livremente e entra em combinação com todos os corpos. Os princípios da primeira espécie, segundo o objeto ao qual se agregam, reúnem-se em criações e noções particulares que, como tais, podem assumir forma concreta sem a cooperação de outras noções, enquanto os princípios da segunda espécie ou as noções que se formaram a partir deles não se realizam por si mesmos, mas estão sempre sujeitas a uma forma concreta.

Foi por esse motivo que chamei os primeiros de elementos do direito *independentes* e os segundos de *não independentes*. Exemplos da primeira espécie são, entre outros, o contrato de compra e venda, a servidão de passagem, o testamento, e dos segundos, o erro, a nulidade e a mora. Um erro como tal, isto é, alheio a toda relação jurídica, um adiamento com esse único caráter, ou seja, sem depender de uma obrigação existente, não se concebe na prática. Eles têm que combinar-se com elementos *independentes*, com uma ação, com uma obrigação qualquer. Se quiséssemos voltar à comparação que fizemos antes entre as noções do direito e as letras do alfabeto, poderíamos chamar as noções abstratas de consoantes e as concretas de vogais. De fato, as noções abstratas possuem aplicabilidade muito maior porque não se ligam a uma única relação; o erro, por exemplo, pode ser encontrado num contrato, numa tradição, num pagamento, num legado, etc. As noções concretas, ao contrário, referem-se apenas a uma relação muito especial e são completamente determinadas e localizadas, de modo que podem combinar-se não somente com as noções abstratas, mas também entre si, enquanto as relações abstratas, para realizar-se concretamente, precisam sempre unir-se a noções concretas. Tomemos, por exemplo, as ideias anteriores da venda, do direito de passagem e do testamento. Teríamos uma combinação nova se supuséssemos que um testador havia imposto ao seu herdeiro a obrigação de deixar, isto é, de vender ao vizinho pelo preço oferecido por este um direito de passagem desejado por muito tempo por este último[42]. Se o caso desse origem a um litígio (no qual não se trataria de modo algum da interpretação da disposição, mas da sua validade no direito), a decisão desse litígio consistiria em decompor as partes simples que estão reunidas no testamento (legado, venda, direito de passagem) para conhecer as condições e os efeitos de cada uma delas. A decisão de uma espécie jurídica apresenta a mesma operação que a leitura: nesta procuram-se as letras que compõem as palavras e apreendem-se os sons que designam uma unidade da linguagem; do mesmo modo, o jurista reconhece isoladamente cada uma das noções da espécie e separa-as uma depois da outra para estabelecer finalmente seu efeito de conjunto.

Se compararmos esse alfabeto da linguagem com o do direito, veremos muito rapidamente a grande inferioridade deste último, porque suas letras têm uma aplicação prática muito menos extensa que as da linguagem. A estas não correspondem outros elementos além dos elementos abstratos do direito. As letras do alfabeto do direito precisam, portanto, ser mais numerosas que

---

[42] Daqui decorre o caso da lei 44 in. f. de solut. (46, 3): *damnatus alicui vendere.*

as da linguagem, e este é outro motivo da sua inferioridade, além do fato de que o alfabeto do direito exige uma correção e uma exatidão muito maior que a da linguagem. Se um número tão limitado de signos basta para este último, é preciso encontrar a causa na falta de precisão por meio da qual se traduzem os sons de um idioma. Quantos signos seriam necessários criar para indicar todas as modulações e matizes, especialmente da pronúncia das vogais! A escrita só fornece uma reprodução muito grosseira da linguagem, suficiente para quem conhece a pronúncia, mas absolutamente defeituosa para quem acreditasse poder aprendê-la sem outro auxílio. O mesmo ocorre com o direito nas suas manifestações primitivas (tomo I, p. 45). O direito escrito não é mais que uma indicação incorreta da linguagem do direito. Devo assinalar que a correlação mais exata possível entre o direito escrito e sua linguagem é precisamente o fim que todo desenvolvimento do direito deve alcançar? Caso queiramos que o direito se pronuncie como está escrito, precisamos escrevê-lo como se pronuncia. Com relação à linguagem, essa correlação tão exata não tem importância prática, pelo menos para um habitante do país, mas para o direito é de extrema gravidade. Se a linguagem for incorreta, o direito não poderá ser suficientemente preciso; é por isso que a linguagem se contenta com um pequeno número de signos, ao passo que é indispensável para o direito uma quantidade considerável de noções.

Da diferença que existe entre o direito e a linguagem, quanto ao seu grau de exatidão, resulta outra desigualdade entre ambos. O alfabeto da linguagem já está fixado e é e sempre será o mesmo apesar de todas as transformações do idioma, ainda que descuide dos matizes mais delicados da locução; mas o outro não está limitado a um único idioma e é essencialmente o mesmo para todas as línguas. O alfabeto do direito não conseguirá uma aplicação independente do tempo e do lugar, da história e da nacionalidade. Poder-se-ia objetar, todavia, que existem no direito noções fundamentais dotadas de verdade absoluta e outras que, embora pertencentes a categorias lógicas, são noções puramente formais: por exemplo, na impossibilidade jurídica, a diferença entre a nulidade e o litígio, entre o direito e seu exercício, entre o erro sobre a coisa e os motivos, etc. Também se poderia dizer que essas verdades, qualquer que seja o povo que as descobriu e formulou, não pertencem ao alfabeto do direito desse povo, mas têm caráter pré-internacional, universal, absoluto. Embora eu reconheça a verdade absoluta dessas noções, e por isso admita a *possibilidade de um alfabeto jurídico universal,* mesmo assim não se deve perder de vista que essas noções são puramente formais e que não poderemos apenas com auxílio delas ir além de uma lógica jurídica formal (cujo alto valor didático não pretendo, ademais, contestar). Sua configuração prática, seu conteúdo substancial, serão sempre tarefa do direito positivo. Assim, por exemplo, a distinção entre o erro sobre o objeto e sobre os motivos é necessária em princípio e muito apropriada para exercitar o pensamento jurídico. Mas será preciso conferir ao erro em geral uma sanção prática? Caso afirmativo, será preciso conferi-la somente ao erro quanto aos objetos ou também ao erro quanto aos motivos? Cabe à legislação positiva resolver essas questões e, a partir do momento em que ela responde de maneira absoluta num sentido ou noutro, a distinção perde todo interesse na prática. A diferença entre nulidade e pedido é logicamente inatacável; porém, para o direito romano antigo ela não existia, porque para ele todo ato não válido era um ato nulo. Logo, essas noções apresentam a particularidade de que o que têm de absoluto é meramente formal e o que oferecem de prático é puramente positivo – caráter positivo e prático que pode ser eminentemente racional e oportuno, a ponto de ser possível conjecturar para ele duração eterna e aplicação universal. Mas também é preciso reconhecer que ele, como toda coisa positiva, está subordinado ao fluxo das opiniões e das coisas.

Nosso alfabeto prático do direito caracteriza-se, portanto, pela sua parte positiva histórica, e a prova disso é dada pela história de cada direito específico. Não somente as regras mudam, e com elas as ideias e instituições, mas também a importância das letras do direito que possuímos se altera, e o tempo que traz outras novas apaga as antigas.

No entanto, um bom alfabeto, apesar do seu caráter positivo, pode desafiar as influências de tempo e lugar, como ocorre com o direito romano, que nos apresenta um exemplo vivo disso. O aspecto prático da propriedade, da servidão, da obrigação, etc., e também a construção dos princípios sobre a matéria por parte dos jurisconsultos são coisas eminentemente romanas.

As noções de que aquela legislação tratou conservam hoje quase tanto valor como há mil e quinhentos anos, e mais, o direito romano nos oferece amiúde, mesmo para as relações que o mundo moderno viu nascer, meios suficientes para resolvê-las. Assim se explica que a Idade Média pusesse tanta fé no caráter absoluto do direito romano, vendo nele a razão escrita e revelada em matéria de direito.

Não obstante, apesar dessas diferenças com relação ao alfabeto da linguagem, o do direito sequer mereceu o nome de alfabeto (ponto que não preciso demonstrar), e mesmo assim nenhuma comparação é mais apropriada para indicar ao ignorante, com uma única palavra, a essência e a ação da força analítica no direito. Porém, por mais compreensível que possa ser o assunto para a generalidade dos homens, graças a essa comparação, não posso deixar de fazer notar que o leigo não só não tem *a priori* nenhuma ideia desse método analítico, mas também tem profunda antipatia por ele, porque se opõe absolutamente à sua maneira de ver e tende a excluí-lo das controvérsias jurídicas. O que caracteriza a maneira de ver do vulgo é que ele se ocupa do direito abstrato ou de uma relação de direito isolada, de modo que é inábil para distingui-las, atendo-se e limitando-se a conceber a impressão do conjunto da relação[43]. Todos esses elementos isolados, todos esses aspectos, todas essas fases de uma instituição ou de uma espécie jurídica que se apresentam separadamente aos olhos jurídicos estão confundidas para o leigo. Logo, é a ação de conjunto do objeto que se exerce sobre o seu sentimento e é a impressão total dessa imagem que determina o seu juízo. O leigo julgará incompreensível que uma instituição que ele vê como um todo orgânico, que em todos os casos, como um fato consumado da vida, não lhe parece suscetível de indagação ulterior, seja penosamente decomposta pelos juristas em aspectos diversos e em seus diferentes elementos, e depois reconstituída artificialmente na sua unidade por meio de síntese. Quando um litigante cuja pretensão é justíssima escolhe equivocadamente a ação que intenta, por exemplo, se introduz uma *actio in rem* em vez de uma *actio in personam*, o juiz examina unicamente se as condições da primeira existem e, se faltam, desampara o reclamante na sua ação, ainda que resulte dos debates do processo que este assunto apresentado por outro meio teria obtido ganho de causa, fato que parecerá excessivamente chocante ao vulgo e que, no entanto, não é outra coisa senão a simples distinção entre o seu ponto de vista e o do juiz, que se atém àquilo que o próprio reclamante escolheu e que lhe propôs para a decisão do litígio.

A controvérsia entre o direito romano e o direito germânico demonstra que a ciência ainda não compreendeu a essência do método analítico. Dois filósofos do direito atual[44] acreditaram

---

43 A diferença entre a apreciação de uma relação jurídica feita pelo jurista e pelo leigo foi reconhecida por Trifonino na lei 31, § 1° Depos. (16, 3), na qual ele distingue: 1° *Si* PER SE *dantem accipientemque intuemur* (quando distinguimos as diversas relações que existem entre o que dá e o que aceita) *haec est bona fides*, etc. 2° *Si* TOTIUS REI *aequitatem, quae ex omnibus personis, quae negotio isto continguntur, impletur* (quando examinamos o conjunto da relação e o resultado final).

44 Stahl, na dissertação sobre o valor do direito romano, colocada no final do tomo II da sua *Filosofia do Direito* (2ª ed., p. 400), e Röder, *Grundgedanken u. Bedeutung des röm. u. germ. Rechts*, Leipzig, 1855.

ter encontrado o defeito do direito romano no fato de que ele carecia de *órgãos*, formações orgânicas, princípios positivos de formação, etc. Mas no que reside essa negativa? Até que não seja feita a análise de uma instituição jurídica determinada, ela causa facilmente a impressão de um organismo no qual tudo se combina da maneira mais feliz: os elementos jurídicos e morais, a forma e o conteúdo, o elemento real e o obrigatório, etc. Porém, assim que a jurisprudência se apodera da instituição e trata-a como é seu dever e fim fazê-lo, acabou a unidade poética, sem que nada na instituição mude no seu estado real e prático e sem que o belo organismo desapareça, não restando dele mais que um resíduo de ozônio, oxigênio, etc., de forma que os elementos da instituição se unem às matérias mais diferentes[45]. Disso decorre que o direito germânico oferece organismos e o direito romano átomos ou elementos, e que isso não depende de diferença de substância entre ambos os direitos (não se dirá, por exemplo, que a tutela na vida romana foi uma unidade orgânica distinta da nossa), mas de uma diferença no procedimento científico dos direitos. A ciência jurídica, como a química orgânica, não tolera organismos e dissolve-os; mas deduzir disso que a relação prática das leis jurídicas é pouco coesa seria tão pouco acertado quanto crer que a análise do químico seja capaz de alterar a natureza mesma das coisas.

O ataque dirigido ao direito romano parece fundamentar-se na ideia de que essa atomística do direito não era puramente jurídica, mas real, que o espírito romano rejeitava sobretudo o

---

45 No direito de penhor, por exemplo, o elemento real pertence ao direito real e o elemento obrigatório (*contractus pigneratitius*) ao direito das obrigações. Na tutela deve-se distribuir seus diversos elementos em partes muito diferentes do sistema: a capacidade das pessoas sob tutela, a noção desta última e suas espécies de representação nos princípios gerais da mesma, a hipoteca sobre os bens do tutor no direito hipotecário, a *reiv. util.* na teoria da propriedade, a relação obrigatória no direito das obrigações ou no de família e a tutela testamentária no direito das sucessões.

que era composto ou misto[46]. A verdade é que a força analítica do espírito romano não decompunha as coisas, mas as ideias; operava assim não para *impedir* a existência prática de um organismo, mas para *facilitá-la* e assegurá-la.

٠ا|ا٠

2. Concentração lógica

Possibilidade de concentrar a matéria. – O centro lógico e a periferia. – Amplitude do princípio na forma histórica de uma exceção.

Hoc uno posito, quod est ad
cognitionem disciplinae satis,
innumerabilia nascuntur, quibus
implentur juris consultorum libri.

Cícero, De Legibus, II, 19

45. A operação de que tratamos agora, como já mencionamos e fizemos notar anteriormente, persegue o mesmo objeto que a precedente, mas toma um rumo diametralmente oposto, porque a presente une e reconcentra em vez de decompor como faz a outra. Não é, portanto, uma operação puramente jurídica, mas um procedimento lógico universal, que consiste em abstrair um princípio de espécies determinadas e expressá-lo por meio de uma fórmula nova, lógica e mais enérgica.

---

46 Como moral prática a que conduz este erro, permito-me dedicar a presente nota a todos os filósofos do direito que não são juristas: não é possível o juízo puramente moral de um direito determinado sem o conhecimento da técnica. Para obviar a falta desse conhecimento (amiúde a falta de uma ideia clara e geral dela), não existe certamente expressão mais cômoda que a palavra *orgânica*. Quanto mais confusa é a ideia, tanto mais *orgânica* é a coisa. Um judicioso jovem amigo meu, o professor Van Krieken, infelizmente arrancado do foro, combate essa tendência perniciosa na sua obra *Sobre o pretenso direito público orgânico*, Leipzig, 1873, dizendo – e com razão – que se chama de orgânico tudo o que não se sabe definir.

Em outras palavras, trata-se da concentração do *volume exterior* de uma massa de matéria jurídica que o direito positivo criou para esta ou aquela situação, também jurídica. A importância do assunto, as questões mais ou menos numerosas que ele suscita, não determinam única nem sequer principalmente esse volume. Sua medida, em suma, não reside apenas num elemento objetivo, mas o elemento subjetivo de habilidade de quem domina a matéria tem parte importante nele. Ali onde apenas se resolvem dúvidas depois de longas dissertações, o inteligente resolve a questão com uma única palavra em vez das cem que outros empregam.

A concisão é uma das qualidades mais inestimáveis do legislador. Ela nasce da intensidade da expressão e do valor, alcance e força das ideias expressadas, e não do número mais ou menos limitado das palavras com as quais a lei é feita. Com frequência, para dar forma de lei a uma relação qualquer, o legislador dita uma série de disposições sem método que as ligue entre si (*método casuístico*), e mesmo assim podemos ver em outro código essa mesma relação regulada por um princípio único (*lei de princípios*). No primeiro caso, a jurisprudência é impotente para encontrar a matéria[47] porque não se pode unir a um princípio particularidades às quais nenhum outro deu origem. Também seria impotente se o legislador tivesse tido o cuidado de enunciar por si mesmo o princípio em toda a sua força e precisão. Para que a jurisprudência possa condensar a matéria legislativa, é preciso indubitavelmente que o legislador se deixe levar por um princípio e o aplique, sem que seja necessário para tanto que o reconheça ou enuncie imediatamente. A história demonstra que o fato, longe de ser raro, apresenta-se com muita frequência e que, se não é raro para o legislador, o é menos para a jurisprudência, que se

---

47 Ocorre o mesmo quando o legislador, de modo excepcional ou expressamente, proíbe a abstração de um princípio ali onde essa abstração teria sido possível por si mesma, como o fez, por exemplo, Justiniano para as causas de deserdamento na nov. 115.

encontra em igual caso. Nela o sentimento da verdade precede muitas vezes o seu reconhecimento, de modo que um princípio de direito vem a ser posto em vigor depois de ser observado por muito tempo na prática, ou pode também cair em desuso antes de ser reconhecido e enunciado na sua forma verdadeira.

As disposições isoladas mediante as quais o legislador aplica inconscientemente um princípio relacionam-se com este último como os pontos isolados de uma circunferência com relação ao centro. O legislador investiga o princípio e, quanto mais difícil for encontrá-lo, mais obrigado ele estará a girar em torno dele, aproximando-se do centro o máximo possível por meio de disposições separadas e casuísticas. A ciência, como o legislador, vaga por dentro da circunferência até encontrar o centro. Quanto mais afastada a circunferência, mais longo é o caminho a percorrer e mais prolixa e complicada a exposição de motivos do objeto que se discute. Cada passo que a aproxima do centro reduz o círculo e abrevia o caminho; ou, em outras palavras, o número dos seus preceitos diminui e o seu *conteúdo* aumenta até chegar ao centro, e então abarca toda a massa da matéria num único princípio.

O descobrimento final do princípio tem importância capitalíssima para a ciência, não somente porque já se encontra concentrada e reunida toda a matéria jurídica existente e antes dispersa, mas também porque, uma vez descoberto e encontrado o princípio, ele vem a ser fonte de novas regras, que não são outra coisa senão toda a série de consequências que esse princípio abarca e que haviam permanecido ocultas. Somente quando uma ideia foi concebida e aceita no seu verdadeiro aspecto ela adquire o alcance máximo da sua força lógica e a completa manifestação de todas as suas aplicações.

A comparação que acabamos de fazer entre a fixação dos princípios por meio da abstração e o conhecimento do centro de uma periferia dada poderá fazer-nos crer que a operação de que tratamos é de uma simplicidade extrema. Porém, desde já e para continuar a comparação, a periferia, no que tange à lei, não é sempre regular, mas apresenta duas soluções de continuidade que podem levar-nos a um falso caminho. Por outro lado, as diversas regras do direito, mesmo quando realmente emanam de um único princípio, nem sempre levam a marca de sua origem e afinidade.

Pelo contrário, pode ocorrer que um exame superficial mostre que são tão estranhas umas às outras que excluem qualquer ideia de conformidade. O que existe de comum, por exemplo, entre a *hereditatis petitio* e os interditos possessórios? E no entanto estes últimos, como aquela, baseiam-se na mesma ideia[48]. É regra que, em matéria de usucapião, esta se cumpre ao começar o último dia do prazo e, em matéria de prescrição de ações, ao final desse mesmo dia; embora ambas as regras sejam diferentes, na realidade não passam de consequência de uma mesma ideia.

O trabalho seria ainda mais árduo se o legislador observasse em parte o princípio e em parte se afastasse dele, porque, sendo impossível a distinção, ele certamente teria que começar por empreender outra vez a tentativa infrutífera de reduzir toda a matéria a um princípio único. Admitamos que, depois de grandes esforços, vemos a impossibilidade de fazê-lo, que reconhecemos encontrar-nos diante de duas ideias que se cruzam entre si, que uma afirma a regra e a outra forma a exceção; em qual procuraremos a regra? Qual representa a exceção[49]? Poderemos, apesar disso, sonhar com uma regra única quando o todo, no seu princípio, só se mostra como um conjunto de elementos heterogêneos?

Todavia, o caso contrário também é possível. Uma disposição pode apresentar-se equivocadamente como uma exceção sem sê-lo na realidade, bastando para convencer-se disso com-

---

48 Cf. Jhering, *Do fundamento da proteção possessória* (pos.), Paris, 1875, p. 79.

49 Tome-se, por exemplo, a questão de saber se a extinção da obrigação pelo concurso de duas causas lucrativas contém uma singularidade ou uma consequência da essência da obrigação. Cf. sobre esse ponto G. Hartmann, *Die Obligation*, p. 5, 6, 13.

preender mais exatamente o princípio[50]. *Historicamente* não é raro que isso aconteça, isto é, que no direito antigo um preceito era uma verdadeira exceção porque, no fundo, continha somente uma simples modificação do antigo princípio, mas bastava dar-lhe outra fórmula para fazer desaparecer seu caráter excepcional. Assim, com relação ao dono, no reconhecimento da sua posse sobre os filhos e as pessoas jurídicas, a jurisprudência romana, mediante a exceção aparente de uma das primeiras regras da posse, na realidade só contém, a meu ver, a chegada da ideia verdadeira e completa da posse[51]. *Muitas vezes, a exceção é a forma na qual a regra se estende e se completa.* Em tal caso, a própria história induz a erro. Duas ideias que na realidade foram regidas por um mesmo princípio supremo durante séculos foram consideradas uma como regra e outra como exceção. O empréstimo, na sua origem, exigia que o devedor adquirisse imediatamente a propriedade do credor[52]. Quando a prática, em muitos casos, abandonou essa ideia, ao desviar-se da antiga regra surgiu diante dela como uma exceção, e nesse sentido foi considerada pelos jurisconsultos romanos posteriores[53]. No entanto, a exceção não imprimia outro caráter além da amplitude da ideia ou do princípio do empréstimo, a saber: que este não pressupõe a transferência da propriedade de uma pessoa ou de outra, mas a tradição de um patrimônio para outrem (diminuição de um e aumento do outro quanto ao valor), tradição que poderá ser feita mediatamente por meio da transferência da propriedade por parte de um ter-

---

50 Citarei como exemplo a tradição simbólica do código austríaco, que se coloca por si mesma como exceção aos princípios da tradição comum e que não é, na realidade, mais que uma aplicação da ideia verdadeira da tradição. Cf. Exner, *Die Lehre vom Rechtserwerb durch Tradition nach österr. u. gemeinen Rechte*, Viena, 1867, p. 213.

51 Cf. Jhering, *l. c.*, p. 81, 142. Ocorre o mesmo com a posse do pecúlio dos escravos, da qual diz Papiniano, na lei 44, § I de poss. (41, 2): *utilitatis causa jure singulari receptum est.*

52 L. 34, pr. Mand. (17, 1): *nummi, qui mei erant, tui fiunt.*

53 L. 15 de R. Cr. (12, 1): SINGULARIA *quaedam recepta sunt* etc.

ceiro. Outro exemplo é dado pela capacidade de ter os filhos de família sob o *pátrio poder*. Historicamente essa foi a exceção, e o primeiro caso continha uma separação sem exemplo do direito existente. Todavia, no direito de Justiniano, a exceção tornou-se a regra e esta constituiu a exceção. O resultado dogmático dessa transformação pode ser resumido no princípio de que os filhos podem ter um *patrimônio* e adquirir de todas as pessoas, salvo contra seu pai.

·⫿·

3. Construção jurídica

> História natural do direito. – Corpos jurídicos. – Descrição geral. – Produção deles para a construção jurídica. – As três leis desta última (positiva, lógica e estética). – Valor técnico do método da história natural.

46. Quase desconhecida no início do século, a expressão *construção jurídica* é hoje na Alemanha uma das fórmulas mais usuais da jurisprudência atual. Todos a empregam e cada qual lhe dá o mesmo sentido, e mesmo assim, se perguntarmos o que significa a construção jurídica, que desempenha hoje em dia um papel tão importante na ciência, qual é o seu objeto, seu fim e os princípios que a dirigem, muito poucos saberão dar a resposta. A ciência permanece muda e, longe de estabelecer a teoria da construção jurídica, sequer tentou, até onde sei, dar sua definição. Não posso, portanto, furtar-me a essa tarefa, sem a qual me seria impossível julgar a jurisprudência romana. A falta absoluta de trabalhos anteriores sobre esse ponto justifica que eu me estenda um pouco mais em certo tipo de considerações.

A alta jurisprudência ou o método da história natural

A forma *imperativa*, ou seja, a forma *prática imediata* de uma proibição ou de um mandato, é a forma ordinária na qual o direito aparece nas leis. É indiferente que a *expressão* seja imperativa ou não; o imperativo está na coisa, na ideia. Na boca do legislador a palavra *é* (presente) tem o sentido condicional de *deve ser* (por exemplo, "a ação prescreve em dois anos" significa que *deve prescrever*). Essa forma de aparição, que chamo de *forma inferior*, também poderia ser designada com o nome de natural e nativa da aparição do direito inscrito nas leis, porque historicamente é a primeira, a mais antiga, mas também a mais incompleta.

Também se pode qualificar justamente de *inferior* a jurisprudência no período em que tiver deixado a matéria nessa forma e enquanto o trabalho ao qual ela a submete não a transformar interiormente nem a especificar. Distingo, portanto, a *jurisprudência inferior* da *jurisprudência superior*, assim como estabeleço a diferença que existe entre a forma *inferior* e a mais *elevada* do direito.

A *interpretação*, tenho aqui em uma palavra todo o campo de atuação da jurisprudência inferior. Explicar a matéria, resolver as contradições aparentes, dissipar as obscuridades e as faltas de precisão, esclarecer todo o conteúdo da vontade do legislador, deduzir de disposições existentes o princípio em que se baseiam e tirar desses princípios todas as suas consequências é o objeto que cabe à interpretação, que não é trabalho exclusivamente jurídico, haja vista que toda ciência, nas suas origens, tem documentos que deve interpretar. Aplicada ao direito, a interpretação não cria nada novo nem pode fazer mais que aclarar os elementos jurídicos substanciais já existentes.

Não só a jurisprudência começou sempre e em toda parte pela interpretação, mas esta, a qualquer momento, tem que ser a operação inicial que a jurisprudência executa sobre a matéria-prima legislativa. Para construir deve-se, antes de mais nada, interpretar: a jurisprudência inferior é o primeiro grau da alta jurisprudência.

Porém, como este é apenas o primeiro grau, a jurisprudência não deve paralisar seu movimento mais que o tempo necessário, já que é somente no grau superior que ela realiza seu verdadeiro destino. Nele sua tarefa e seu método tornam-se especialmente jurídicos, e somente nele a jurisprudência adquire o caráter científico próprio que a distingue das outras ciências.

Pode-se indicar claramente em princípio qual é a linha de demarcação que separa a jurisprudência inferior da superior. Ela consiste numa concepção particular do direito que chamarei de *história natural*. Não tenho de deter-me no que pode haver de artificial ou de natural nessa maneira de ver e se ela se aproxima da verdade das coisas ou afasta-se dela. Caso se queira indicar o contraste que caracteriza a jurisprudência na sua maneira de tratar a matéria do direito, dir-se-á por vezes *institutos jurídicos*, *noções jurídicas*, e noutras se falará das *disposições* do direito, de seus *princípios*.

O instituto jurídico não é simplesmente uma reunião de disposições jurídicas isoladas que dizem respeito a uma única relação, mas é essencialmente distinto nas suas disposições. Os preceitos do direito são massas de matéria, ideias que têm existência substancial; e os institutos jurídicos, ao contrário, existências, individualidades lógicas de seres jurídicos, que concebemos e animamos com a ideia de uma existência e uma vida individuais. Eles nascem, morrem, trabalham, entram em conflito uns com os outros, têm sua missão e seus fins e, para realizá-los, dispõem de forças e qualidades determinadas. De bom grado chamá-los-ia de seres jurídicos para conservar no espírito do leitor a ideia de sua existência e de sua vida, se essa expressão não parecesse um tanto rebuscada. Mas direi, preferencialmente, que são *corpos jurídicos*[54] (por oposição à simples *substância* ou *matéria* jurídica).

Tal ideia poderia, à primeira vista, parecer pouco interessante. Que diferença, perguntar-se-ia, pode haver em dizer *instituto da propriedade* ou simplesmente *propriedade*, em vez de regras jurídicas sobre o princípio da propriedade? Se não se levar em conta nada além dessas palavras, não há, de fato, nenhuma diferença apreciável entre umas e outras, mas elas são como o germe que jaz na terra e que, uma vez enraizado, pode operar uma revolução completa no direito. Cabe à jurisprudência fazer com que brote e se desenvolva completamente. Toda a matéria jurídica transformar-se-á nesse sentido e realizará em todas as suas derivações a ideia da existência e da vida individual dos corpos jurídicos.

Como essa maneira tão simples de ver e apreciar as coisas pode produzir tão grandes resultados? A dúvida que suscita essa pergunta seria plenamente justificada se não se tratasse de nada mais que uma simples apreciação, ou de apresentar as coisas sob um aspecto mais claro. Mas o ponto de vista do qual nos colocamos não é o da luz que simplesmente ilumina os corpos, é o do calor que os faz passar do estado sólido ao de fluido condensável. Rígida no seu estado primitivo e reduzida pela arte do jurista às proporções mais estreitas, a matéria jurídica aparece de certo modo em estado líquido, deixando-se moldar e compor; suas forças íntimas e suas qualidades inerentes despertam e trabalham por si mesmas. O método da história natural transforma a matéria jurídica e eleva-a em toda a sua essência.

---

[54] Esta última concepção, que me valeu ásperos ataques, não foi inventada por mim. Fui somente o primeiro que tirou dela suas consequências. Encontrei traços dela em outros autores anteriores a mim, como, por exemplo, em Savigny, *Uber den Beruf unserer Zeit*, 3ª ed., p. 29: "As noções chegaram a ser para os juristas *seres reais*, como a presença e a genealogia vieram a ser familiares pelo seu uso prolongado".

Essa elevação da matéria enobrece a própria jurisprudência, que, humilde serva do legislador e condenada até então a reunir penosamente particularidades isoladas, alça voo e torna-se uma arte, uma ciência livre. Arte porque dá forma, aspecto artístico à matéria, e infunde-lhe vida; ciência porque, apesar do caráter positivo do seu objeto, pode ser designada como a ciência natural no campo intelectual. Essa comparação não é um jogo vão da inteligência, pois nenhuma outra expressão designa tão exatamente a essência desse método como a de *método de história natural*, como demonstraremos na continuação desta obra. Esse método é o segredo da jurisprudência, que consagra sua força sobre a matéria e sua atração sobre a nossa razão.

Enquanto isso, representemos as consequências que essa maneira de apreciar acarreta para o tratamento da matéria.

Os corpos jurídicos

À ideia de uma *existência* une-se necessariamente a de sua origem e fim (modos de nascer e de extinguir-se das relações jurídicas); quando se fala de um corpo, sua natureza, suas condições particulares, seu destino, suas forças, suas qualidades, sua semelhança ou diferença com outros corpos, suas combinações ou lutas possíveis, etc., são outros tantos pontos que exigem exame minucioso. Portanto, devo, por esse motivo, relatar os pontos principais que mais nos interessam[55].

---

55 Tenho aqui alguns dados que o leitor pode consultar para as explicações que seguem. O corpo jurídico tem, na linguagem dos juristas romanos, natureza determinada: *natura*, por exemplo, a servidão, L. 32, § 1 de S. P. U. (8, 2); a habitação, L. 3 Cod. de usufr. (3, 33); a enfiteuse, § 3, I de loc. (3, 25); a obrigação, L. 2, § 1 de V. O. (45, 1); a obrigação co-real, L. 5 i f. de fidej. (46, 1); o depósito, L. 24 depósito (16, 3); a dot. Tit. Cod. de *rei usoriae act* [...] *et de* NATURA DOTIBUS PREAESTITA (5, 13); os frutos, L. 69 de usuf. (7, 1). O corpo jurídico pode também ter sua causa, L. 24, § 21 de fid. lib. (40, 5); sua substância determinada: *substância*, por exemplo, as obrigações, L. 3 de O. et A. (44, 7), L. 6 Cod. si cert. (4, 2), L. 5 de fid. (46, 1); o contrato de venda, L. 3 de Cod. de cont. emt. (4, 38), L. 72 de pr. D. ibid. (18, 1). Possui

1º. *Noção e estrutura dos corpos jurídicos.* O exame do corpo jurídico exige que se responda a uma primeira pergunta: o que é esse corpo? É uma individualidade própria ou uma modificação de outro corpo[56]? Antes de mais nada, encontramo-nos diante da lei da análise jurídica, que não reconhece como independente nenhum corpo que não possa resolver-se em outro ou em muitos. Dizer que é um corpo é dar a noção; defini-lo é traçar a linha de demarcação que o separa de outros corpos, atribuindo-lhe uma individualidade lógica. O conhecimento de um corpo jurídico contém a quintessência lógica desse corpo, sua substância íntima; e a característica de sua individualidade resume toda sua força, toda sua vida. Uma definição nossa está fundada na redução da forma ou concentração dos resultados obtidos e só foi possível depois de um exame completo, segundo a feliz expressão de Trendelenburg, a definição e o monograma da razão lógica.

Importa, portanto, não confundir a concepção das ideias com sua fórmula ou definição. A concepção pode ser perfeitamente exata, a fórmula ou definição imperfeita. Os juristas romanos,

---

uma força e um poder determinados: *potestas*, por exemplo, a ação, L. 47, § 1 de neg. gest. (3, 5), L. 11, § 1 de act. emt. (19, 1); a obrigação, L. 13 de duob. reis (45, 2); um efeito (*effectus*), L. 47, § 1 cit., um estatuto, L. 9, § 1 de duob. reis (45, 2). Ver outros exemplos em Kuntze, *Wendepunkt der Rechtswissenschaft*, Leipzig, 1856, p. 75, por exemplo, *obligatio nascitur, in pendenti est, consumitur, vires ex praesenti accipit, confunditur.* Essa natureza e essa força são uma ideia prática, da qual resultam, por exemplo, nos textos citados acima, as consequências seguintes: a servidão não pode ser possuída, certas obrigações não são divisíveis, certas cláusulas são nulas por contrárias à essência do pacto (depósito, obrigação co-real), a propriedade extingue-se, etc. A L. 14, § 1 de novat. (46, 2) é o melhor exemplo da maneira como os juristas romanos entendiam essa aparição do corpo jurídico. Para um homem estranho ao direito, a lei de relação que o jurista tem diante de si (novação sob condição de um crédito condicional) deriva unicamente da vontade das partes; o jurista, ao contrário, liga-a à ação recíproca das obrigações e investiga quando uma nasce da outra. Cf. outros exemplos característicos na L. 3, § 9 de adim. leg. (34, 4), L. 34, § 11, 12 de leg. 1 (30), L. 27, § 2 de pact. (2, 14), L. 5 de fidej. (46, 1).

56 No direito romano, por exemplo, a *traditio brevi manu*, o *constitutum* possessório, a aquisição dos frutos pelo colono, o *jactus missilium* podem todos unir-se à ideia da tradição.

que redigiam com tanta segurança e acerto, confessam[57] que suas definições são, às vezes, insuficientes.

Por conseguinte, a noção recolhe o corpo tal como é, mas em que consiste sua existência? Será seu objeto e seu fim? É o que se poderia crer, já que a missão prática que ele tem que cumprir contém o motivo geral pelo qual ele existe e é assim e não de outra maneira, porque ele dá, em suma, sua chave lógica. Não nego, certamente, que o fim de um instituto seja muito importante e indispensável para sua compreensão (não somente do ponto de vista da filosofia do direito, mas também da prática)[58], mas nego que a teoria jurídica possa basear-se nesse fim para defini-lo[59]. Isso quer dizer que é defeituosa a definição do depósito ou do comodato como entrega de uma coisa com o fim de conservá-la ou de fazer uso conveniente dela? Certamente não, mas será pela simples razão de que aqui o objeto e o conteúdo são idênticos? Entrega de uma coisa, com intuito de conservá-la ou usá-la, não tem outro significado senão a entrega da coisa, obrigação de conservá-la e direito de fazer uso dela. Porém, quando empregamos a palavra objeto no seu verdadeiro sentido, entendemos por objeto de um instituto algo oposto ao conteúdo, um tanto mais elevado, que se encontra fora desse instituto e do qual é apenas um meio. Logo, se nossa ciência não passa de uma espécie de *matéria médica*, uma teoria dos meios que o direito reserva para os fins da vida, devemos analisar esses meios segundo os

---

57 L. 262 de R. J. (50, 17).

58 Poder-se-ia e dever-se-ia tratar muito mais do que se faz, no nosso ensino jurídico, de grande número de institutos romanos que hoje não compreendemos. Os juristas romanos preocupavam-se raramente com o objeto (cf., por exemplo, a usurpação, Savigny, *System*, tomo V, p. 268, nota e), porque para eles ele era evidente e comprovavam-no todos os dias.

59 Temos um exemplo conhecido de definição na de Einert sobre a letra de câmbio, papel moeda comercial. Essa definição caracteriza unicamente o principal uso prático da letra de câmbio e não sua natureza jurídica. A definição ontológica da letra de câmbio é uma promessa pecuniária separada da sua causa, ou, como expressa Thöl, uma promessa de dinheiro.

elementos que lhes são imanentes. Além disso, uma classificação segundo o objeto, talvez concebível para alguns, seria em geral impraticável[60]. De fato, os fins são indeterminados, flutuantes, indecisos e variados, sem que o próprio instituto perceba a mais ligeira alteração.

Existe um grande número de corpos jurídicos cujo fim seria em geral impossível de determinar porque nenhuma necessidade prática (*utilitas*) os fez nascer e só devem sua origem à lógica, à necessidade jurídica (*ratio juris*), de modo que existem só quando devem existir. Podem ser definidos segundo o elemento que permite classificá-los, ponto de vista necessário para precisar o caráter do conjunto dos corpos para reduzi-los a uma ordem sistemática, mas não conveniente para determinar apenas um deles. Logo, não definimos o corpo segundo o que produz ou deve produzir, mas consideramos somente sua *estrutura*, seus elementos anatômicos. Esses elementos são, por exemplo, o sujeito, o objeto, o conteúdo, o efeito, a ação. Os direitos no sentido subjetivo são o objeto principal das nossas definições: é por meio deles que trato de demonstrar o problema indicando o método para solucioná-lo.

Em todo direito é preciso considerar primeiramente o *sujeito*. Saber quem deve ser considerado juridicamente sujeito de um direito e a relação que deve existir entre o sujeito, por um lado, e o objeto ou conteúdo do direito, por outro lado, são questões que podem apresentar amiúde grandes dificuldades, dificuldades que surgem sobretudo quando não existe uma relação íntima entre o sujeito e o objeto; quando o laço que existe entre eles resulta de algum elemento intermediário, por exemplo, na servidão predial, o *prédio dominante*, nas obrigações ao portador, o papel; ou quando existe um concurso de muitos detentores de direito

---

60 Onde, por exemplo, teria lugar a tutela? E o usufruto? Se o objeto dá o elemento determinante, o contrato de câmbio, a enfiteuse e o usufruto sobre imóveis deveriam estar reunidos numa mesma epígrafe.

sobre um único direito, ora este será dividido entre os partícipes, ora cada um deles poderá recebê-lo integralmente. Na primeira hipótese (por exemplo, na posse conjunta, na co-propriedade, na obrigação), o fato da pluralidade de pessoas não oferece dificuldade, o direito divide-se em tantas partes quanto o número de pessoas. Mas mesmo nessa forma tão simples de relação pode-se discutir como se deve representar essa divisão, por exemplo, na copropriedade: ocorre uma divisão atomística da *coisa* ou uma divisão de *direito*, ou mais exatamente do conteúdo do direito? Outra forma para a hipótese de um concurso não solidário é dada pela pessoa jurídica, que não é por si mesma a destinatária dos direitos que possui, mas sim as pessoas físicas que estão, por assim dizer, por trás dela, que não faz mais que representá-las e que é a titular de direito tecnicamente necessária. Importa que se trate de um círculo determinado de indivíduos (*universitas personarum*) ou de uma quantidade indeterminada (*universitas bonorum*), por exemplo, os doentes num hospital, porque ela é, pelo menos para o direito privado, o instrumento técnico destinado a corrigir a falta de determinação dos sujeitos[61].

Quanto à segunda hipótese indicada acima, encontramos um exemplo muito conhecido nas obrigações solidárias (em sentido estrito) e nas obrigações correais. Deve-se ver duas obrigações com o mesmo conteúdo ou uma obrigação com dois sujeitos? É a pergunta que se pode fazer.

O objeto do direito é igualmente elemento necessário em toda definição. Citarei, por exemplo, o direito das sucessões e a obrigação, que se prestam, tanto um como a outra, à controvérsia dessa relação. No direito das sucessões, o objeto é a massa das diversas relações jurídicas ou a personalidade patrimonial do *de*

---

61 Tal é, singularmente, seu caráter na *hereditas jacens*, na qual, todavia, o sujeito é indeterminado e a promessa jurídica forma o elo intermediário entre a pessoa física e o patrimônio. Insistirei mais adiante nesse ponto de vista. Cf. t. IV, § 65, 71.

cujus? Na obrigação, é a vontade do devedor ou a ação que ele deve cumprir?

Quanto ao conteúdo, a obrigação também pode nos servir de exemplo, porque se perguntou se o direito do credor reside na ação ou no seu valor em dinheiro. A mesma dúvida foi suscitada sobre o conteúdo das servidões, perguntando-se singularmente se contêm vantagens desprendidas da propriedade ou somente restrições desta.

À questão da estrutura dos direitos junta-se também sua relação acessória com outros direitos, por exemplo, a dependência do direito de penhor com relação à obrigação, dos interesses moratórios da servidão predial acerca do fundo dominante. Depois vem a questão da dependência entre a ação e o direito: pode este ser separado daquela, e que significa a cessão da ação se não se cede ao mesmo tempo o direito? A ação constitui um acréscimo ao direito ou será o próprio direito considerado objeto de litígio? Etc.

Os outros elementos dos corpos jurídicos de que vou tratar a seguir relacionam-se intimamente com os anteriores e também entre si, e, como é arbitrário e indiferente colocar muitos dos pontos que serão tratados abaixo numa sequência determinada, decidi tratá-los separadamente no interesse do leitor e para facilitar seu estudo.

2°. *Qualidades e forças dos corpos jurídicos.* Citarei a divisibilidade e indivisibilidade dos direitos, sua força expansiva (direito de acrescer na propriedade, no usufruto e no direito sucessório, nos quais o direito se propaga em certo modo sobre um terreno morto), a possibilidade ou impossibilidade de separar os direitos das pessoas (dependentes da vida destas últimas, faculdade de cedê-los a outrem), etc.; a possibilidade da existência solidária de muitos direitos sobre o mesmo objeto (ora simultânea, ora sucessivamente como na hipoteca); a possibilidade de restrição ou disposição do conteúdo normal dos direitos (elasticidade, partes fixas do ato jurídico: *essentialia negotii*; partes móveis: *naturalia* e *accidentalia*).

3º. *Fenômenos da vida dos corpos.* Citemos desde já os que dizem respeito à existência do próprio corpo, seu nascimento e seu fim, ainda que seja apenas como parte concreta e especial do problema. A existência dos corpos jurídicos oferece uma série de questões de interesse geral, das quais constam, por exemplo, a suspensão de condições da existência do direito (condições suspensivas, etc.); a duração perpétua ou transitória de uma relação jurídica, a questão muito importante da dívida (por exemplo, quando o ato é considerado concluído? Quando deve o ausente ser considerado como morto? Quando se dá a *actio nata*? Com essa pergunta se relaciona também a do efeito retroativo da condição e da ratificação); o intervalo entre o ato constitutivo e o nascimento do direito (conclusão antecipada do ato dada a existência de condições que ele exige, por exemplo, o direito de hipoteca com o nascimento do crédito); o intervalo entre o ato constitutivo do nascimento do direito e sua validade (*dies*); a paralisação duradoura ou passageira dos direitos (*exceptio peremptoria* ou *dilatoria*); a extinção parcial, o restabelecimento dos direitos extintos; sua metamorfose, sua transformação em outras relações, a influência da extinção da ação sobre o direito (diferença, a esse respeito, entre a propriedade e a obrigação), o efeito da extinção de um crédito sobre o crédito recíproco, etc.

4º. *Relações com outros corpos.* Incompatibilidade de certos corpos com outros (por exemplo, da *patria potestas* com a tutela, da sucessão testamentária com a *ab intestato*, inaplicabilidade da posse à obrigação); sua compatibilidade com outros (por exemplo, da posse com a servidão ou quase-posse); sua coocorrência no mesmo objeto ou mesma relação e seu antagonismo (por exemplo, da propriedade e da obrigação, ou seja, da *reivindicatio* e da *exceptio rei vend. et trad.*, da propriedade e do direito de penhor, influência do concurso das ações); desaparecimento de um dos corpos e seus efeitos sobre os demais (por exemplo, extinção da hipoteca precedente, *derelictio* do *praedium serviens* ou *dominans*, influência desse fato sobre a hipoteca seguinte ou a servidão).

5º. *A classificação sistemática dos corpos jurídicos*, última consequência do método da história natural, que nos leva ao ponto culminante de todo o problema, assunto que já foi desenvolvido anteriormente.

A construção jurídica e suas leis

A exposição que precede teve por finalidade dar ao leitor uma ideia aproximada dos objetos e dos problemas pertencentes ao método da história natural, ou, o que dá na mesma, um croquis do corpo jurídico.

Não creio ter necessidade de justificar-me por ter desenvolvido amplamente esse tema, mas estender-me-ei relativamente menos sobre a questão principal, que abordo sem vacilar. Esse estudo preliminar era indispensável para a compreensão do que vai seguir e dará ao leitor condições de entender muitos detalhes que só poderei indicar de modo muito sumário.

Chegamos assim ao ponto principal que serve de tema a este capítulo. Já podemos, para o que segue, definir a construção jurídica dizendo que é a *aplicação do método da história natural à matéria jurídica*. A construção jurídica forma, por assim dizer, a arte plástica da jurisprudência, cujo objeto e fim é o corpo jurídico. Qualquer trabalho de organização, por mais frágil que seja e por menos que se refira a esse corpo, a partir do momento em que tem por objeto sua estrutura cai sob a égide da construção jurídica, que se exerce às vezes sobre o corpo na sua totalidade e, em outras, serve de auxiliar para explicar as circunstâncias determinadas da vida do corpo e aplanar contradições aparentes de corpos isolados com sua noção fundamental. Eu disse antes "qualquer trabalho de organização" e devo explicar meu pensamento. Pode-se, em matéria de direito, conceber um trabalho puramente passivo, isto é, que se limite a recolher e elaborar pontos de vista já adquiridos ou deduzir consequências logicamente estabelecidas. Mas isso não é a construção jurídica, pelo menos no sentido usual, porque ela é uma operação da arte que cria, inventa e organiza[62].

Vamos agora submeter a construção jurídica a um exame mais profundo e explicar sem demora suas leis.

A construção tem por finalidade a organização dos corpos jurídicos. Mediante quais considerações, mediante quais regras ela o faz? Em suma: quais são suas leis? Eu admito as seguintes:

1º. *A construção doutrinal deve ser aplicada exatamente ao direito positivo.* Como as regras positivas são os únicos pontos da linha, a construção deve respeitar o conteúdo para conservar inteira liberdade quanto à forma. O legislador deve, portanto, abster-se de construir, isto é, de formar a teoria, para não cometer uma usurpação sobre o domínio da ciência e não se despojar de sua autoridade e força de legislador para pôr-se no nível do jurista.

---

62 Disso resulta que se trate nela de uma questão instintiva e de talento, mais que de cuidado e erudição. Em parte alguma o trabalho pode produzir melhor ou pior resultado. Uma construção fiel é, a meu ver, um fato jurídico e um serviço de valor imorredouro, enquanto uma falsa não tem valor nenhum e é trabalho perdido. A ninguém que aborda semelhante problema pode-se ocultar que ele está jogando na loteria, na qual, para um que ganha, há centenas que perdem. Somente a experiência ensina; em geral não se aprecia suficientemente bem a dificuldade e o mérito de semelhantes trabalhos. Quando o suor da fadiga unido à erudição não fazem avançar em nada o labor dos que precederam, é que não se está disposto a ver o fruto de investigações perseguidas durante muitos anos, ao passo que se obtém sem pena uma grande riqueza em uma hora de inspiração oportuna. Uma única palavra pode muitas vezes levar a uma solução e, pronunciada a palavra, o resultado é tão natural e simples que parece a todos que teriam podido encontrá-lo. É o enigma do ovo de Colombo. Recorde-se a sua solução: quando se sabe parece que é muito diferente de quando se está procurando. Seria gratificante conseguir descobrir os enigmas do direito civil, porém, entre os praticantes da nossa jurisprudência atual, particularmente na Alemanha, ainda não nasceu esse Édipo.

Por conseguinte, embora as construções do legislador não tenham importância teórica e possam ser sempre corrigidas e estejam separadas da jurisprudência, nem por isso são menos dignas de receber atenção. É nisso que está a vantagem desta última, pois se compreende que nela não se abram tão facilmente brechas como nas construções puramente doutrinais[63]. A tradição e a história não têm importância alguma nesta matéria sempre que não passam de simples construções[64].

---

63 A FICTIO *legis Corneliae* é um exemplo bem conhecido de construção legislativa da época antiga do direito romano; para a época posterior, citarei a disposição de Zenão sobre a natureza própria do contrato enfitêutico. Porém, em geral não se pode fazer à legislação romana até Justiniano a crítica de semelhantes incursões no terreno da ciência. Justiniano, como se sabe, perseguia um objeto inteiramente oposto; suas Institutas e suas Pandectas são, ao mesmo tempo, tratados e códigos. Essa mistura de ciência e legislação contribuiu amplamente para dificultar a elaboração moderna do direito romano. A ciência não deve deixar-se intimidar pela autoridade de Justiniano nas questões puramente científicas. O exemplo dado por Justiniano do mestre-escola no trono ou do legislador na escola encontrou nas legislações recentes imitadores muito complacentes. A ciência deve dar a César o que é de César, mas também é preciso que ele abandone à ciência o que é do domínio dela. Combateu-se vivamente nestes últimos tempos algumas dessas construções legais estabelecidas nos nossos novos códigos, sobretudo no direito austríaco; por exemplo, a ideia do domínio eminente ou útil (Randa, *Der Besitz nach österr. Recht*, Leipzig, 1865, p. 14, 17; Unger, *System des österr. privat. Rechts*, I, p. 608); o conceito de posse como direito real (Randa, p. 27); a posse tabulária (*id.* p. 43); o *titulus* e *modus acquirendi* (Unger, II, p. 11); a tradição simbólica (Randa, p. 119; Exner, *Die Lehre vom Rechtserwerb durch Besitz nach österr. Recht*, Viena, 1867, p. 167 ss.); a definição das pessoas jurídicas (Unger, I, p. 322 a 324). Nas leis antigas, assim como nas novas, ainda há muito a ser feito sobre esse ponto. Nada mais perigoso que ter fé absoluta nos termos dos quais elas se servem. Isso porque elas empregam amiúde a palavra "posse" onde se trata do direito de transferir a posse (cf. Stobbe na Revista de Jhering, XV, p. 234) e falam de transferência da propriedade da coisa vendida a partir da conclusão da venda, ao passo que não levam em conta a transferência do risco da coisa e, no fundo, só consideram a propriedade como argumento ou meio para estabelecer esta última regra.

64 Ver, a favor dessa alegação, a construção da *actio spolii* para o colono, Bruns, *Die Besitzklagen*, p. 243. Isso não impede que o ponto de vista, como uma época que leva consigo suas ideias próprias, possa chegar a ser da mais alta importância para a compreensão daquelas. Cf., por exemplo, na Idade Média, o direito de autonomia das cidades e da nobreza.

A jurisprudência, na sua ação sobre a matéria, tem, portanto, liberdade completa, bastando-lhe conservar sua força prática; e como não está ligada a nenhuma forma, pode até inventar formas inteiramente novas. Veja-se um exemplo: tendo em conta certas considerações relativas à segurança das edificações, o antigo direito negava ao proprietário a reivindicação dos seus materiais empregados por outro para a construção de uma casa; reconhecia-lhe somente uma ação pessoal de danos e prejuízos; mas autorizava a separação dos materiais quando a casa desmoronava, etc., porque então a reivindicação não oferecia nenhum obstáculo. Essa configuração jurídica poderia ser traduzida dizendo-se que a propriedade cessava momentaneamente para renascer mais tarde, ou então que continuava, embora sem poder ser exercida enquanto durasse a acessão, ideia esta que merece ter preferência sobre a primeira. De fato, era muito chocante proclamar que a propriedade se perdia por uma ação arbitrária de um coproprietário e admitir que, depois de ter cessado, podia renascer subitamente. Porém, mesmo admitindo que a lei tivesse adotado esta última apreciação, a jurisprudência teria absoluto direito, na minha opinião, de considerá-la uma construção defeituosa e substituí-la por outra. Na prática, as duas levam aos mesmos resultados; não passavam, portanto, de construções jurídicas distintas e de tentativas da ciência de explicar racionalmente disposições igualmente positivas.

Quando, ao contrário, um jurisconsulto moderno[65] trata de fazer concordar a teoria da ocupação com a regra enunciada no direito romano segundo a qual metade do tesouro achado no solo de outrem pertence ao proprietário do solo, e diz que, ainda que o descobridor adquira a propriedade de todo o tesouro, ele está *obrigado* legalmente a restituir a metade ao proprietário do solo, essa construção contradiz nossa lei de concordância com a matéria positiva, que leva a resultados que não correspondem de modo

---

65 Puchta, *Pandectas*, § 154.

algum ao direito positivo; e, nesse caso particular, o proprietário só teria, para a metade que lhe corresponde pelo achado, uma ação pessoal contra o descobridor, enquanto o direito romano lhe reconhece a copropriedade de metade da coisa encontrada (*dimidium ipsius*, § 39, I. de R. D. 2,1) e concede-lhe, pelo mesmo fato, uma ação contra terceiros.

2º. A segunda lei da construção doutrinária é a falta de contradição ou *unidade sistemática*. Não há necessidade de fazer notar que aqui não se trata somente de contradições do legislador, mas da ciência consigo mesma. A jurisprudência une-se tanto a ela como à lei. Nas construções doutrinárias que ela estabelece, ela não pode entrar em contradição consigo mesma, mas pode romper com as noções e princípios anteriormente admitidos por ela. Essas construções devem concordar entre si tanto quanto nos seus diversos elementos. Uma noção do direito não admite exceção, pois um corpo não pode desmentir-se e ser excepcionalmente outro que aquele que é. Portanto, caso se encontre uma situação do corpo jurídico incompatível com a noção que lhe é atribuída pela jurisprudência, cabe afirmar que ela carece de viabilidade científica e do direito à existência. Não importa que ela seja pouco comum e pouco importante na prática, visto que não se trata de um problema prático, mas de um problema lógico[66]. A prova da construção jurídica consiste, para a ciência, em colocar suas criações doutrinárias em todas as posições imagináveis, combiná-las entre si de todas as maneiras possíveis, comparando seus princípios fundamentais. A construção só sai

---

[66] Essa é a razão pela qual os juristas romanos, por exemplo, na teoria da propriedade, consideram a continuação da mesma como o pássaro livre da jaula ou o animal selvagem que escapa. É assim que buscam a relação da propriedade quanto às coisas hereditárias antes da adição da herança e a respeito das coisas legadas sob a condição da qual dependem. É assim, finalmente, que exigem, na obrigação que nasce num espaço de tempo qualquer, a indicação do instante do nascimento, e que negam, por exemplo, muito logicamente na L. 9, § 3 *qui potior* (20, 4), a possibilidade da existência de uma hipoteca quando não se sabe determinar o momento em que nascerá.

vitoriosa do teste e só é legítima e verdadeira quando, sob todos os aspectos, reina para ela um acordo perfeito.

Tomemos por exemplo a obrigação. Se a concebermos ao modo dos jurisconsultos romanos, como uma qualidade de duas pessoas interessadas, deduziremos que ela não pode subsistir sem essas duas pessoas, porque uma qualidade sem sujeito não existe. Depois resulta disso que a obrigação deve extinguir-se com a morte do credor ou do devedor, e no entanto não é assim na prática. É necessário, portanto, abandonar o sentido de que se trata, ou então considerar as pessoas permanentes, que é o que faziam os jurisconsultos romanos, e não há outro meio. Qualquer outra hipótese teria que contentar-se com o simples fato da continuação da obrigação e renunciar a harmonizar esse fato com a ideia fundamental, o que seria, nesse caso concreto, uma falência científica.

A jurisprudência admite que a obrigação se extingue com o pagamento. À primeira vista parece, sem dúvida, que não deveria ter sentido jurídico que o credor, depois de ter obtido o pagamento, ainda pudesse ceder a ação. Não obstante, o direito reconhece a possibilidade de uma ação de caução do credor depois de efetuado o pagamento. Aqui direi, uma vez mais, que, embora assim seja o direito, ele não pode satisfazer a ciência, que deve renegar a regra ou, se não quiser ou não puder fazê-lo, tem que descobrir uma consideração que esclareça o contrassenso ou assinale-o como aparente. É isso que os jurisconsultos romanos fizeram sem o menor esforço e da maneira mais vitoriosa[67].

A condição de que vamos tratar em nossa segunda lei deve ser traduzida nestes termos: a ciência não pode admitir *impossibilidades jurídicas*. À primeira vista, a noção de possibilidade ou impossibilidade no direito parece ser uma noção absoluta, mas na realidade não é mais que relativa. Muitas coisas que hoje se

---

67 O pagamento da caução foi considerado como compra do crédito, cf. L. 76 de sol. (46, 3).

tornaram possíveis teriam parecido impossíveis aos olhos dos jurisconsultos romanos (como, por exemplo, os créditos que pertencem ao portador de um papel, os endossos em branco, etc.), e muitas outras criações que hoje não espantam teriam parecido aos antigos juristas um desafio à lógica jurídica[68].

Nas concepções da ciência, como nas do próprio direito, existe o progresso eterno: a ciência alarga sem cessar seu horizonte intelectual, ampliando cada vez mais o círculo do possível, ora porque sua própria virtude a impulsiona a fazê-lo, ora porque a energia do fato impõe como necessidade prática o que havia sido até então juridicamente impossível; daí a força que se emprega para estender o mais que se puder o domínio do possível teórico. Neste último caso, impõe-se à ciência a alternativa seguinte: é preciso que o dogma antigo[69] se submeta à nova doutrina, ou então que esta se incline diante daquele; as noções e doutrinas que existiram até então devem mudar para ceder lugar às novas, ou então estas, por meio de um manejo hábil ou ponto de vista apropriado, devem ser dispostas de tal modo que concordem com o dogma antigo. Esse caminho é o que se abre mais facilmente, mas a jurisprudência tem direito absoluto, antes de segui-lo, de extrair toda a sua arte da necessidade de romper com as doutrinas que professou até então. Os jurisconsultos romanos da Antiguidade compreenderam maravilhosamente essa arte de conciliar a prática nova com as teorias antigas, e encontramos

---

68   Por exemplo, a *traditio in incertam personam*. A jurisprudência antiga não podia imaginar o *jactus missilium* senão como *derelictio* de uma parte e ocupação da outra parte. Foi apenas a jurisprudência nova que se elevou até a ideia exata da *traditio in incertam personam*.

69   Não examinarei aqui em que repousa esse dogma. Não insistirei mais sobre esse fato que consiste não somente em regras e considerações jurídicas positivas, mas também em axiomas lógicos gerais. Veremos outros exemplos mais adiante.

provas concludentes disso no curso desta obra[70], vendo como se enredam em círculos tão difusos e penosos que chegam a beirar o ridículo (tomo IV, § 68). Contudo, atentaremos muito para não depreciar uma ideia que, embora chegue ao exagero, é correta em si mesma, e evitaremos perder de vista o sentido exato que a precedeu, bem como esquecer as consequências vantajosas de um rigor tão extremado. Para que o edifício científico adquira estabilidade, não é preciso destroçar seus fundamentos sem necessidade que o justifique; ao contrário, é preciso aprender a imaginar meios e ir adiante. *Ajuda-te e ajudar-te-ei.* Essa máxima posta em prática gera os frutos mais excelentes para a ciência. A necessidade é inventora; por isso e para resolver o conflito do novo com o passado aparece o jurista, e os esforços para dirigir a contenda sem dano para o passado exercem a mais sã influência sobre o desenvolvimento do saber jurídico. Essa necessidade que incita o jurista eleva sua arte dialética ao mais alto grau e orienta-o para invenções e descobrimentos que, além do fim imediato ao qual devem servir, dão à ciência um manancial inesgotável de riquezas valiosas e fecundas. Amparada por tais circunstâncias coercitivas, a jurisprudência romana esclareceu uma série de distinções que se conservarão eternamente.

Essa arte conciliatória tem, no entanto, seus limites. Chega um momento em que a manutenção do que existe deixa de ser natural e degenera em tirania[71], sendo mais questão de senti-

---

70 Dei uma quantidade de exemplos no t. IV, § 70. Alguns outros se encontram em Regelsberger, *Zur Lehre von Altersvorzug der Pfandrechte*, Erlang, 1859, p. 7, nota c; por exemplo, para fazer passar um usufruto aos herdeiros não se fez exceção à inacessibilidade, mas recorreu-se à obrigação de constituir--lhes um novo – L. 5 pr. quib. mod. usuf. (7, 4).

71 Por exemplo: os juristas romanos que definiam originariamente o *pignus* como um contrato puderam, sem dificuldade, sustentar essa definição para a hipoteca legal (*quasi tacite convenerit*; *pignus tacitum*), mas depois isso tornou-se impossível a partir do momento em que se produziu a constituição da hipoteca por testamento. Para o direito de Justiniano, com seu grande número de hipotecas legais, seria um contra-senso atribuí-las à ideia de um contrato tácito ou fictício.

mento que de determinação objetiva indicar quando e como essa mudança se produz. Construções que concordam entre si e são suficientes para uma época dada produzem, em outra, impressão violenta. Os mesmos jurisconsultos romanos, por mais rigorosamente que se ligassem a todo o dogma tradicional, estavam, mesmo assim, dispostos a confrontá-lo, e isso porque a jurisprudência antiga eludia sempre essa necessidade e esforçava-se em conciliar as coisas[72]. A jurisprudência atual teria muito que aprender nesse sentido, até do ponto de vista da teoria puramente romana (isto é, fazendo abstração absoluta das mudanças que nosso direito moderno a fez sofrer)[73].

As explicações que precedem consideraram nossa segunda lei pelo aspecto que nos interessa para o ponto de vista da técnica romana antiga, mas essa lei estende-se por si mesma ainda mais longe e adquire importância extrema, especialmente para a classificação sistemática, porém não devo insistir agora neste ponto.

Se quisermos estabelecer um paralelo entre as duas leis da construção jurídica que já explicamos, podemos dizer que a primeira tem suas raízes no elemento *positivo* e a segunda no elemento *lógico*, e podemos designar a terceira e última lei de que vou tratar com o nome de elemento *estético*.

---

72 Citarei, por exemplo, o *jactus missilium* (cf. nota 38). O antigo dogma diz que nenhum ato jurídico pode ser dirigido *in personam incertam*. Para manter essa proibição basta decompor o *jactus missilium* em *derelictio* e ocupação. Porém, esse meio de conciliar era forçado, pois violava a vontade do *jacens*, que levava em conta não uma *derelictio*, mas uma cessão. A jurisprudência posterior presta nisso uma homenagem à verdade, admitindo uma *traditio in incertam personam* e modificando na realidade o dogma anterior; e o que até então tinha passado como impossível em direito acabou por ser admitido. Não consigo entender como jurisconsultos recentes (por exemplo, Puchta, *Pand.*, § 147, nota k) perderam de vista a oposição entre essas duas construções (numa existem dois atos unilaterais, noutra um único ato bilateral) e consideraram-nas conciliáveis (como se uma tradição pudesse ser ao mesmo tempo uma *derelictio* e uma ocupação).

73 Tome-se como exemplo as regras *nemo pro parte testatus* etc., *semel heres, semper heres* e tantas outras que, desde o tempo dos juristas clássicos, existiam mais na forma que na realidade.

3º. *Lei da beleza jurídica.* Sem dúvida, causará espanto o fato de que eu comece a falar do sentimento artístico ou da beleza no direito. Porém, como o assunto oferece essa qualidade e me permitiu falar da configuração artística da matéria, será preciso também que me autorizem tratar do seu sentimento artístico[74], que reside na satisfação ou desencanto que certas construções suscitam em nós. Umas agradam por seu caráter natural, sua transparência, sua simplicidade, sua clareza; outras nos repugnam porque carecem dessas condições ou nos parecem violentas e pouco naturais, etc., sem que por isso possamos declará-las viciosas. Portanto, essa nova lei não tem o caráter absoluto das duas primeiras. A construção que peca contra aquelas carece absolutamente de razão de ser e não é construção, por mais bela que pareça. Ao contrário, uma construção torpemente elaborada é legitimamente necessária enquanto não puder ser substituída por outra. Além disso, existem certos matizes e encontram-se construções umas mais perfeitas que as outras. A comparação com a arte é de uma exatidão tão perfeita que podemos falar de um *estilo artístico* que varia segundo as diferentes épocas da jurisprudência. De acordo com esse caráter, a diferença entre a jurisprudência romana antiga e a nova não pode deixar de ser perceptível para um observador atento e, quanto a nós, teremos o cuidado de distingui-la quando chegar o momento oportuno. O estilo da jurisprudência antiga caracteriza-se, antes de mais nada, pela sua inclinação pela forma plástica, enquanto a jurisprudência posterior se desenvolve com ajuda de meios internos e de princípios; assim, por exemplo, ela substitui o ato aparente por ficções.

Não entrarei em muitos detalhes sobre esta terceira lei; seu conhecimento nos é indispensável para compreender a técnica

---

[74] Essa apreciação se fazia como hoje entre os juristas romanos; eles conheciam um sentimento de bondade jurídico e admitiam-no como legítimo. Recorde-se, por exemplo, a censura, a crítica de *inelegantia juris* (em Gaio, I, § 84, 85) e a lei da simetria, L. 35, L. 100 de R. J. (50, 17).

do direito antigo; e as provas que encontramos na existência da beleza e no direito serão suficientes, mesmo sem comentário algum. Limitar-me-ei, portanto, a fazer notar os traços seguintes: a construção é tanto mais *simples* quanto é perfeita, ou seja, mais clara, transparente e natural, porque a simplicidade extrema nesse ponto é a manifestação suprema da arte. As relações mais complicadas são frequentemente construídas pelos romanos por meio dos procedimentos mais simples (quem imaginaria, por exemplo, a pessoa jurídica?), por isso as construções difíceis e violentas devem, por esse único motivo, nos causar desconfiança. A construção é *clara* quando torna a relação de que se trata fácil e acessível à nossa inteligência (como, por exemplo, na noção de *univ. rerum distantium*); ela é *transparente* se o assunto que contém aparece com clareza em todas as suas consequências, como na noção da pessoa jurídica; e é *natural* quando não pretende derrogar nem destruir os fenômenos do mundo físico ou intelectual[75]. Se toda construção jurídica repousa na história natural, é fácil compreender que trate de amoldar-se intimamente às leis e precedentes da natureza, imitando-a o mais exatamente possível. É assim que, em muitos casos, a palavra *natural* dos romanos tem precisamente esse significado[76].

Todavia, para apreciar as condições às quais deve responder a construção jurídica, temos que acrescentar algumas palavras

---

75 Ver, por exemplo, as regras adotadas pelos juristas romanos para a construção jurídica imitadas da natureza: o que pereceu não pode recobrar sua antiga existência; o que advém não pode ser mudado (por exemplo, L. 2 de resc. cend. 18, 5: *perire non potuit, quod quis nondum habuit*; L. 26, pr. de usuf. leg. 33, 2); a causa e o efeito não toleram nenhum *vacuum* entre si. A essa mesma categoria pertence a ideia do equilíbrio das forças de que se vale, por exemplo, Venuleio, L. 13 de duob. reis (45, 2: *Cum vero ejusdem duae potestatis sint, non potest reperiri, qua re altera potius quam altera consumatur*, L. 5 de fidej. 46, 1), assim como a regra *Melior est conditio possidentis*. Ver a dedução da impossibilidade de uma *compossessio in solidum* na L. 3, § 5 de poss. (41, 2).

76 Por exemplo, na assimilação inteiramente incorreta dos modos de nascimento e de dissolução, L. 35 de R. J. (50, 17): *Nihil tam NATURALE est, quam eo genere quidque dissolvere, quo colligatum est.*

sobre os meios a que ela recorre para atingir esse fim, que chamarei de *ferramentas de construção*.

Nessa ordem de ideias, as *imagens* tiradas da linguagem ocupam o último degrau da escada; por exemplo, o *servus* POENAE (L. 17 pr. de poen. 48, 19), a designação das servidões como JURA *praediorum*, a *rei vindicatio* como *actio* IN REM, a do direito de penhor como OBLIGATIO *rei*. Uma coisa não pode produzir direito, nem exercitar ação, nem ser sujeito de obrigação. Nossa ciência conhece, sem dúvida, a possibilidade de personificação para o que não é, na realidade, uma pessoa; mas não devemos tratar desses casos agora, porque neles a personificação não é jurídica, mas simplesmente figurada. Não creio, pelo menos do ponto de vista da ideia natural, poder designá-los como tentativas de construção, embora se tenha querido ver neles verdadeiras construções. Mas não deixarei de fazer constar que tais ferramentas foram escolhidas habilmente e oferecem à inteligência pontos de apoio muito úteis. Como meio de construção da categoria menos elevada, citarei depois os *atos aparentes*, assunto no qual serei breve pois tenho que tratar dele mais adiante (tomo IV, § 68). Depois vêm as *ficções*, que muitas vezes são apenas o *caput mortuum* de atos aparentes mais antigos. Existe certa analogia entre a ficção e a *extensão artificial das noções naturais*, por exemplo, a extensão da noção do *fructus* ao uso (*fructus civiles*), da posse às servidões (*juris possessio*), da pessoa às pessoas jurídicas, da coisa à coleção de coisas (coisas jurídicas) etc. Um dos meios aparentemente mais artificiais do nosso direito é o efeito retroativo, do qual falaremos em várias partes.

Resta-nos, por último, perguntar qual é o valor técnico próprio e a utilidade da construção jurídica. Como se porta esta última diante da missão suprema desenvolvida mais acima (§ 43) da técnica, ou seja, a de facilitar o conhecimento do direito? Chamaremos de sistema o direito tal como resulta da construção no sentido do método da história natural, resumindo o que segue em duas proposições: o sistema é a forma prática mais vantajosa de uma matéria dada e a origem de matéria nova.

1. *O sistema é a forma prática mais vantajosa de uma matéria positiva dada.* Fazer do direito um sistema, no sentido anterior, é realizar, como já indicamos, sua forma prática externa, sem por isso diminuir sua força prática interna. Todas as nossas noções e divisões são forças práticas obtidas com auxílio das regras do direito. Um jurista experiente saberá sempre dar-lhes essa forma (tomo I, p. 51).

Essa transformação não perturba em nada a utilidade da matéria, mas, ao contrário, aperfeiçoa-a da maneira mais essencial.

Portanto, o sistema é a forma *mais* visível da matéria, porque o é de uma forma plástica. A matéria como substância puramente material (como simples soma de regras) só pode ser adquirida pela memória. Na forma do sistema, é a intuição que se encarrega desse papel. O caráter especial da *intuição* reside na unidade, na totalidade e na simultaneidade da imagem que ela apresenta ao espírito. A intuição não reúne os elementos isolados como faz a memória, mas percebe-os todos de uma vez na sua totalidade, o que supõe a existência de um conjunto, uno e objetivamente perceptível. Depois, essa percepção objetiva é adquirida precisamente pelo direito com ajuda do sistema, porque neste a matéria passa a um estado de organização no qual já está agrupada e reunida em corpos modelados plasticamente. Cada um desses corpos leva consigo uma soma de regras do direito, ou melhor, não é ele que as leva, mas são elas que cobrem o esqueleto dele, encarnam nele e formam seus músculos e seu sangue. Para ele, a massa adquiriu uma expressão individual e a possibilidade de uma *impressão de conjunto.* Cada um desses corpos tem para nós uma fisionomia e uma individualidade determinadas, e aquele que os estudou por muito tempo já os considera seres reais, com os quais está familiarizado graças a um costume arraigado, de modo que os reconhece qualquer que seja o lugar e a forma em que se encontrem, e que sabe qual é a extensão de suas forças e quais são seus limites sem necessidade de refletir demoradamente nem de procurar a cada etapa os seus elementos.

Tudo o que consideramos com razão como critério e privilégio do verdadeiro pensamento jurídico – a rapidez, a facilidade, a segurança do juízo, em suma, o golpe de vista jurídico – tem por requisito a possibilidade objetiva e subjetiva da *intuição*, ou, em outras palavras, uma imagem fácil de conhecer, isto é, um corpo jurídico e o golpe de vista do jurisconsulto com experiência em distingui-lo.

Notemos, em segundo lugar, que o sistema é a forma mais rápida, mais concentrada e, portanto, mais cômoda da matéria. As explicações mencionadas neste parágrafo e no precedente dispensam qualquer comentário sobre essa consideração.

Em terceiro lugar, o sistema é a forma mais transparente da matéria. Nela, seu conteúdo, com perfeita clareza, revela em toda a sua plenitude o que antes era aparente: as relações dos pontos mais distantes, as diferenças e as semelhanças mais delicadas, as condições tácitas que estão no fundo das coisas jurídicas e que, precisamente por causa do seu caráter natural e necessário, subtraem-se facilmente à observação; em suma, descortinamos os traços mais íntimos e secretos da matéria. Assim, o método da história natural poderia ser chamado de interrogatório processual aplicado ao direito para arrancar dele suas confissões. Essas categorias gerais que indicamos acima, o nascimento, a extinção, as qualidades, etc., do corpo jurídico, são decerto em si mesmas vivas e puramente formais; porém, combinadas com a matéria, desenvolvem uma maravilhosa força dialética. Não passam, a bem da verdade, de perguntas que lhes dirigimos; mas a pergunta é o primeiro passo em direção ao conhecimento, e muitas vezes é o próprio conhecimento. A prática também nos fornece perguntas todos os dias e, assim, aumenta indiretamente nossos conhecimentos; mas as questões da prática não são sempre as mais instrutivas. Uma indagação desprovida de todo interesse prático mas que atinge a intuição, por assim dizer, na sua parte mais sensível, na sua raiz, pode ser infinitamente mais importante para o conhecimento exato desse instituto que as questões práticas que se renovam todos os dias. A solução de uma única dessas investigações pode dar a chave de toda uma série de questões práticas que se tentaria elucidar em vão de maneira indireta[77].

As ciências naturais realizam as descobertas mais fecundas para a vida tratando de questões e investigações que não prometiam grandes retornos na prática. Porém, quanto mais se isolam da vida, melhor a servem. O mesmo acontece frequentemente com a jurisprudência, que às vezes faz suas mais belas descobertas em regiões completamente distintas da prática. Ainda que os jurisconsultos romanos nos tivessem ensinado unicamente que a jurisprudência, para ser praticável, não deve limitar-se apenas às questões práticas, a proclamação dessa única doutrina já deveria assegurar-lhes nosso eterno reconhecimento.

2. *O sistema é uma fonte inesgotável de matéria nova.* Só impropriamente se pode falar de matéria nova, pois a jurisprudência restringe-se a examinar em detalhe o que o legislador proclamou e ditou indiretamente, de modo que ela somente revela, não produz[78].

Contudo, ao seu lado existe uma produção jurídica no sentido mais estrito da palavra, ou seja, a criação de matéria absolutamente nova. O homem menos versado no conhecimento dos trabalhos romanos conhece-a, porque ela está inscrita em

---

[77] A questão da celebração de um contrato com um surdo, por exemplo, apresenta pouco interesse, mas serve para estudar a natureza da conclusão do contrato (cf. o texto de Merlin em Regelsberger, *Civil r. Erörterungen*, fascículo 1º, Weimar, 1868, p. 13). A perda do direito por concurso de duas causas lucrativas é extremamente rara na vida e, no entanto, G. Hartmann tomou-a felizmente como ponto de partida para descobrir os fundamentos da obrigação romana (cf. sua obra sobre a obrigação romana, Erlangen, 1875).

[78] Pode-se dizer dela o que diz Gaio na L. 7, § 7 de R. D. (41, 1) acerca da moenda do trigo: *non novam speciem facit, sed eam, quae est, detegit.*

cada página das Pandectas de Justiniano. Quantas doutrinas a jurisprudência romana criou, diante das quais o direito positivo tinha permanecido calado! Onde está, por exemplo, a disposição legal sobre a divisibilidade ou indivisibilidade das servidões, do direito de hipoteca? No entanto, essa doutrina da indivisibilidade é uma das mais engenhosas que existem. Basta uma palavra para distinguir a aquisição da propriedade por especificação ou por acessão. Essas doutrinas são puras produções jurídicas, adquiridas unicamente por meio da *especulação jurídica*. Assim, a matéria com que a jurisprudência formou a doutrina da especificação e da acessão não foi outra senão a noção lógica geral da *identidade* aplicada à *transformação das coisas*.

A vida prática não pode prescindir desse complemento do direito positivo por meio da jurisprudência e esta, chegada a ocasião, não pode furtar-se a semelhante tarefa.

Toda jurisprudência é produtiva[79], tanto quando não se dá conta de que o é como quando estuda a si mesma e pergunta-se em teoria como, em nossos dias, se produz o direito de sua existência, sentimento esse tão exato que levou um jurista do século passado, o germanista Runde, a estabelecer como fonte do direito a *natureza das coisas*, a expressão mais adequada ao método da história natural que acabamos de expor.

Não necessito demonstrar que a concepção da história natural é a condição dessa produção jurídica, cuja consequência necessária, do ponto de vista da alta jurisprudência, não poderia, todavia, justificar-se de maneira absoluta para a jurisprudência inferior. Porém, depois de ter admitido a ideia dos corpos jurídicos, depois de ter aplicado a da sua existência e da sua vida individual às disposições do direito positivo, precisamos permanecer fiéis a essas ideias quando nos falta a matéria jurídica. Temos, de uma forma ou de outra, que preencher esse vazio. O material

---

79 Também os juristas romanos posteriores chamam muito exatamente seus predecessores da República de: *Veteres, qui tunc jura* CONDIDERUNT.

para tanto é fornecido em parte pelos diversos corpos, pela sua própria natureza e sua dialética interna, e em parte pela teoria dos corpos jurídicos em geral.

◄||►

Assim, o sistema abre à ciência um campo imenso de atividade, uma mina inesgotável de investigações e descobertas e uma fonte de gozos intelectuais dos mais vivos. Os limites estreitos da lei positiva não impõem limites aos seus domínios, nem as questões práticas imediatas traçam os caminhos que ela deve seguir.

Livre e sem travas, o espírito pode, como na filosofia, inquirir e procurar de um lado e do outro sem medo de perder-se, pois a natureza prática do mundo no qual ele se move o levará à realidade das coisas. Chegando a ela, ele terá a satisfação de ter feito algo mais que responder a uma necessidade puramente individual e conseguirá não o prazer simples de um alto gozo intelectual, mas algo mais precioso para o mundo e para a humanidade. As ideias que ele encontrar não permanecerão meras ideias, mas se tornarão forças práticas. Foi isso que deu a toda a nossa filosofia e às nossas construções na dogmática seu verdadeiro valor. Os juristas romanos tinham muita razão ao dizer da sua ciência: *veram (nisi fallor) philosophiam, non simulatam affectantes* (L. 1, § 2. De J. e J. 1, 1).

Ao chegar a essa concepção da jurisprudência, não nos parecerá estranho que, durante mais de quinhentos anos, ela pôde exercer em Roma tanta atração e adquirir o grau de primeira de todas as ciências. O direito dava ao espírito romano uma arena para sua ginástica dialética e nos explica, ao mesmo tempo, que os romanos não tenham se dedicado à filosofia, haja vista que o direito dava plena satisfação e fornecia matéria útil às suas inclinações e vasto talento filosófico. No entanto, e para que sejamos compreendidos melhor quando entrarmos em cheio nesse estudo, caracterizaremos de antemão a jurisprudência de que se trata dizendo que ela constituía o domínio intelectual traçado pela tendência prática do povo romano, no qual se aprimorava e desenvolvia todo o seu pensamento e toda a sua propensão filosófica; em suma, que a jurisprudência era a *filosofia nacional dos romanos*.

www.iconeeditora.com.br

(11) 3392-7771

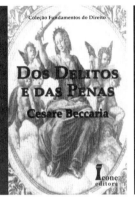

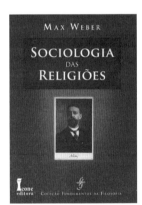

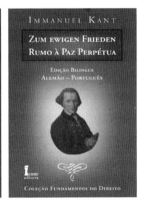
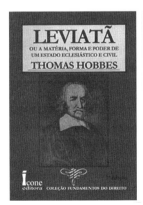

www.iconeeditora.com.br
(11) 3392-7771

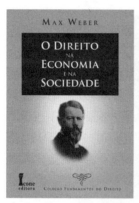
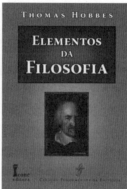

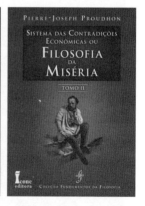